ゆるり良寛さん

～玉島円通寺のゆかり～

器楽堂ゆう子

あったかい良寛様のことを、玉島生まれ、玉島育ちの私が、書かせていただきました。
祖父の描いた絵を思い浮かべながら…。

もくじ

一　円通寺《えんつうじ》に来《きた》りてより（円通寺詩碑）

円通寺境内の句碑（筆者撮）

円通寺に来りてより

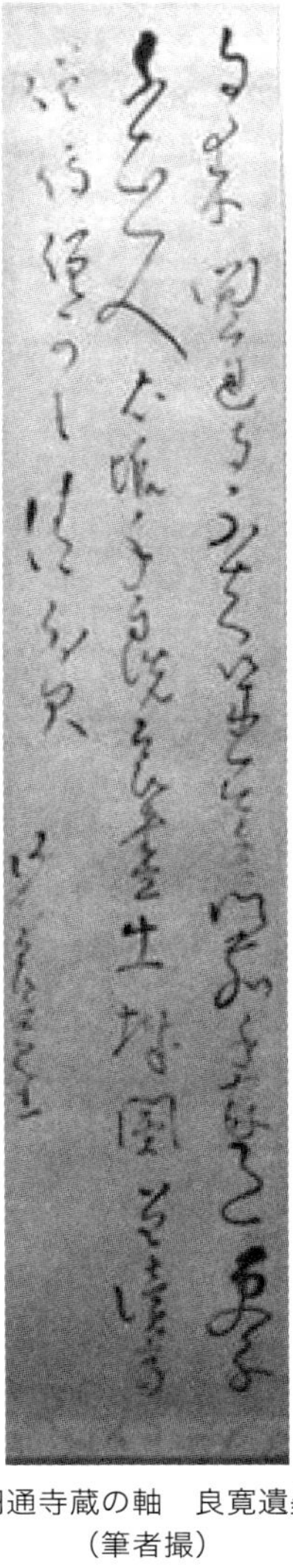
円通寺蔵の軸　良寛遺墨
（筆者撮）

自來圓通寺　不知幾春冬　門前千家邑　更（不）
不知一人　衣垢手自洗　食盡　出城闉　曽讀高
僧傳　僧可々清貧

沙門良寛書

円通寺《ゑんつうじ》に来《きた》りし自《よ》り
円通寺に来てから

門前千家《もんぜんせんか》の邑《いふ》
お寺の前にはたくさんの家が並んでいるが、

衣《ころも》垢《あか》づけば手自《てづ》から洗《あら》ひ
着るものが垢で汚れると自分で洗って、

曽《かっ》て高僧伝《かうそうでん》を読《よ》みしに
むかし、「高僧伝」を読んだが、

幾春冬《いくしゅんとう》なるかを知《し》らず
もう何年経ったろうか。

更《さら》に一人《ひとり》だに知《し》らず
その誰一人として知らない。

食尽《しょくつ》くれば城闉《じょういん》に出《い》づ
食べるものがなくなれば、寺の門を出て托鉢してまわる。

僧《そう》は清貧《せいひん》に可《か》なる可《べ》し
僧は清貧を良しとした、ということである。

観自在菩薩《かんじざいぼさつ》は良寛様に通じるように思えます。観自在菩薩とは、観世音菩薩《かんぜおんぼさつ》のことです。観音様《かんのんさま》のことですね。観音様はお優しいお顔をされています。観自在菩薩、略して観《かん》自在《じざい》。「かんじーざい」と言われることが多いでしょうか。

玄奘三蔵《げんじょうさんぞう》（六〇二年～六六四年）、いわゆる三蔵法師《さんぞうほうし》がサンスクリット語の「アヴァローキテーシュヴァラ　ボーディサットヴァ」の部分を、「観自在菩薩」と漢訳《かんやく》したのです。三蔵法師、と言えば、「西遊記《さいゆうき》」で有名なお坊様《ぼうさま》ですね。三蔵法師は孫悟空《そんごくう》、沙悟浄《さごじょう》、猪《ちょ》八戒《はっかい》と旅をする姿として記憶に残ります。三蔵法師は、暴れん坊の孫悟空を叱《しか》ったり、たしなめたりして旅を続け、そんな中で孫悟空は優しい心や広い心を持つようになるのですね。

幼い頃、私は、自分の中に孫悟空のような一面があることを感じていたので、傍若無人《ぼうじゃくぶじん》な振《ふ》る舞《ま》いをして叱《しか》られたりする場面では、自分のことのように思い、どこか、胸の奥が、ちくちくといたんだものでした。だから、孫悟空がだんだんと優しさを覚えたり、涙を流したり、広い心を持ち始めると、自分もそんな風になれるのかもしれないとうれしく思ったりもしたのです。人は、最初から優しさを持っているわけではないのかもしれません。

それを教えてくれたのは、「西遊記」だったと思います。この話は私は実際にあったことなのだろうと思っていましたが、実は、三蔵法師は、たった一人で天竺《てんじく》へ旅に出たことを(いろんな説があるそうですが)のちに知りました。当時、中国は唐《とう》という時代。三蔵法師は、仏教《ぶっきょう》の経典《きょうてん》を求めに、天竺へ行きます。中国からみると西へ向かったのです。

天竺とは、印度《いんど》のことで、お釈迦様《しゃかさま》のお生まれになったところです。四月八日がお釈迦様のお誕生日ですが、私の母方の祖父の母、つまり曾祖母《そうそぼ》(ひいおばあちゃん)は「卯月《うづき》八日《ようか》は、お釈迦様のお生《う》まれんしゃった日《ひ》」と言っていたようです。

お釈迦様は天竺で四月八日にお生まれになったのですね。インドでは気候が違うのだろうと思いますが、ぽかぽかとあたたかい日和《ひより》のイメージがあります。

お釈迦様は私たち衆生《しゅじょう》(生《い》きとし生《い》けるもの)が悩んだり、苦しんだりするのを救おうとして様々な説法《せっぽう》をなさったということです。そのお話をお釈迦様のお弟子の方々《かたがた》が語り伝え、そして文字に起こしたのです。それが、仏教の経典です。古代の言葉で書かれていました。

三蔵法師の持って帰った「般若心経《はんにゃしんぎょう》」も、古代のインドの言葉、サンスクリット語で書かれていたので、六四五年に自国《じこく》へ帰ってきてから、三蔵法師は自国の言葉、漢字《かんじ》に訳しました。そうすることで、より多くの人々を心から救うことができると思ったからにほかなりません。

「般若心経」は、「観自在菩薩 行深般若波羅蜜多《ぎょうじんはんにゃはらみった》……」と始まります。サンスクリット語（梵語《ぼんご》）の「ボーディサットヴァ」は「菩薩」のことです。

三蔵法師は「アヴァローキテーシュヴァラ」を「観自在」と訳したのです。

「アヴァローキテーシュヴァラ　ボーディサットヴァ」は、「自在《じざい》に観《み》ることができる」菩薩様ということですね。「自在力《じざいりょく》」という言葉もありますが、「望《のぞ》む通《とお》りになしうる力《ちから》」のことです。「観自在菩薩」は、「自在力によって観ることのできる菩薩様」という存在なのです。観ることによって人々の心を救う力を持つ存在です。

「般若心経」の冒頭《ぼうとう》に出てくる「観自在菩薩」は、実はあなた自身です。あなた自身が、「観自在菩薩」なのです。まさかとお思いかもしれませんが、あなたは「観自在菩薩」になれる存在なのです。そして、私も。それが、「般若心経」の解《と》く心です。

「観自在菩薩」となり、誰かを救う。誰かを助ける。その心を持つために、あなたの苦しみや、悲しみがある。それを乗り越えた先に、真の優しさがあなたにやどる。笑顔はそうやって自然に、ほころび始める。とても難しいことです。でも、それを目指して日々があるということです。それを、「般若心経」は解いている。

だから、三蔵法師は漢字に訳し、「あなたも観自在菩薩になれる」ことを漢字を読む人々に広めたのだと思います。日本にも入ってきました。意味はよくわからないけれど、耳にしたことのある人は多いと思います。千三百年以上も経っているのに、現在の日本でも広く知られているのですから、三蔵法師の思いは叶っています。

良寛様は漢字に訳された「般若心経」を細い、やわらかな雰囲気で書いておられます。その字は、こちらの心をやわらかくする力があります。良寛様の細やかなやわらかい心がうつしだされているのです。「観自在菩薩」という字もやわらかいです。

「観自在菩薩」は、「観世音菩薩」と同じ、と言われます。サンスクリット語の「アヴァローキテーシュヴァラ　ボーディサットヴァ」を「観世音菩薩」と漢字に訳した人がいます。それは、鳩摩羅什《くまらじゅう》（三五〇年～四〇九年頃）です。「妙法蓮華経《みょうほうれんげきょう》」、いわゆる「法華経《ほっけきょう》」を漢字に訳した人が、鳩摩羅什です。

「法華経」の中に出てくるサンスクリット語の「アヴァローキテーシュヴァラ　ボーディサットヴァ」を「観世音菩薩」と訳しています。「世《よ》の音《おと》を観て人々を救う菩薩様」という意味ですね。「法華経」の中の「観世音菩薩普門品《ふもんぼん》第二十五」には、「一心《いっしん》に名《な》を称《しょう》せば、観世音菩薩、即時《そくじ》に其《そ》の音声《おんじょう》を観《かん》じて、皆《みな》解《げ》脱《だつ》することを得《え》せしめん」とあります。「一心に名前《なまえ》を唱《とな》えれば、観世音菩薩は、すぐにその発《はっ》せられた声《こえ》を観《かん》じて、皆が解脱することを得《え》させるであろう」という意味です。つまり、観世音菩薩様を念じて唱えていると、その声（それは、口から発せられた声でも、心で発せられた声でもよいという）をお聴き届けてくださり、必ず心を救ってくださるということです。

私は欲のかたまりです。いろんな欲があります。その欲が過ぎるとき、それは「貪欲《どんよく》」と呼ばれます。私は憎悪《ぞうお》の心を持っています。腹を立ててしまうことがあります。それが過ぎると、それは「瞋恚《しんに》」と呼ばれます。私はまた、愚《おろ》かなところがあります。それが過《す》ぎると、それは「愚痴《ぐち》」と呼ばれます。「貪欲」「瞋恚」「愚痴」、これらから解放させてくださるのが、観世音菩薩様だと「法華経」にはあります。非常に難しいですが、何しろ、無知な私は、とにかく信じるしかありません。良寛様は「法華経」も書いておられます。

「般若心経」や「法華経」の持つ力を信じ、そして、文字に託しているのです。清らかな心です。

良寛様は、最初から清らかで崇高ではなかったと思います。いろんなことがあって、思いを深くし、心がやわらかくなり、人々を導く力を得たのだと思われます。修行があり、悲しみや苦しみがあり、そして、長い年月を経て、尊きお心になっていかれたのです。

良寛様は玉島の円通寺で若い頃、修行をなさいました。私は、その玉島で生まれ育ち、今もここに暮しています。良寛様といえば崇高《すうこう》なお姿のイメージがあります。岡山県の郷土出身の平櫛田中《ひらくしでんちゅう》さんは良寛様を多く彫られたそうです。井原市立田中美術館《いばらしりつでんちゅうびじゅつかん》は玉島から車で、四十～五十分ほどのところにあります。私は矢掛《やかげ》から井原市《いばらし》に向かいます。そこに良寛様の像があります。

田中さんが彫った「良寛上人像《りょうかんしょうにんぞう》」は万葉集《まんようしゅう》を読んでいる姿です。端座《たんざ》し、目を静かに書物に向けておられます。この像は桜の木だそうです。円通寺も桜で有名です。なんだかご縁を感じます。田中苑《でんちゅうえん》には、「良寛来《りょうかんらい》」というブロンズ像もあります。

お茶室のすぐそばの道沿いにあります。思ったより小さな像です。良寛様は歩いておられます。枯淡、というイメージそのものです。

良寛様は清らかなイメージです。玉島円通寺で若い時に修行されたというのが、やはり地元での誇《ほこ》りです。良寛様のゆかりの土地、玉島で生まれ育ったので、良寛様の心を受け取りたいと子供の頃から思っていたような気がします。

玉島円通寺に縁あって所蔵されている良寛様自

良寛来　ブロンズ像　田中苑
井原市立田中美術館蔵

良寛上人像
1956年(昭和31年)製作
井原市立田中美術館蔵

筆のお軸や境内の石碑の数々があります。この本を書くにあたって、その数々に触れる機会をいただきました。良寛様に小さい頃から親しんできたつもりでしたが、初めて気が付くこともたくさんありました。

良寛様の修行時代、それはまさに玉島でのこと。良寛様は玉島には国仙和尚《こくせんおしょう》について来られた、と小さい頃から聞いておりました。生まれ育った越後を離れる。よほどのご縁があるからこの遙か遠い玉島へ来られたのです。越後から長い旅をして来られたのでした。私には越後のことはわかりませんが、この山を越えたら、もう引き返すのが難しくなる、この川を越えたら、もう境をまたいでしまう、という山や川があったのだと思います。そこを越える一瞬。もう自分は後戻りは出来ない、という心の震えがあったのではないかと想像されます。ここを越えると、もう戻れない、という心境について、私は業平《なりひら》を思い出します。

『伊勢物語《いせものがたり》』で主人公の在原業平《ありわらのなりひら》と思われる人物が、「東下《あずまくだ》り」をする場面が有名ですが、高校のときに習った覚えがあります。その時は、隅田川《すみだがわ》を渡るのに舟の船頭《せんどう》さんから「舟に早く乗ってください」と言われ、なかなか乗らない場面が不思議でした。早く乗らないと！　と思ったのですが、大人になってもう一度読むと、その川が、「もう後戻りはできない」と業平が強く感じる川だったのです。今、目の前にある隅田川を越える。それがどれほどの重い意味を持っていたのかを当時のわたしには理解できませんでした。大人になり、場所であったり、事柄であったり、越えることに躊躇《ためら》いが生じる場面を経験すると、私にとっての隅田川がこれだったのだと実感されることもありました。業平は物見遊山《ものみゆさん》で東下りをしたのではなかった。今までの自分の居場所にもう居られなくなったので、居場所を探しに出掛けたのでした。

自分の居場所がない。これはわたしが日々思い続けることです。わたしには居場所がない。たくさんありそうなのに、ない。今ここに居《い》るのに、居場所が無い。

業平も居場所がないと思っていた。広い場所がありそうな業平でさえ。

良寛様も越後から玉島へ来られる道中、越えるのに躊躇《ちゅうちょ》したところもたくさんあったのではないかと思います。山か、川か、国の境か。その何かを、「えいっ」と、またぎながら玉島に来られたのだと思います。

良寛様が来られたのは、江戸時代の終わり頃。北前船《きたまえぶね》とよばれる船がさかんに行き来していた時代だったそうです。北前船とは、北海道から西まわり（日本海まわり）で上方（大阪）へめぐる大きい回船で、北前船という呼び方は、こちらから北陸を「北前」と呼んでいたことから名付けられたのだそうです。

船の形としては「弁財船《べざいせん》」。瀬戸内海で発達した船の型で、大きな帆に風を受けて進むのだそうで、「千石船《せんごくぶね》」とも呼ばれていたらしいのです。玉島の地元では「千石船」の名前の方《ほう》が親しみがあるかもしれません。うちのご近所に「松濤園《しょうとうえん》」という和菓子屋さんがあります。昔から、懇意にさせていただいております。お店には「千石船」の精緻な模型があって、かっこいいです。その「松濤園」さんには「千石船」という焼き菓子がありま

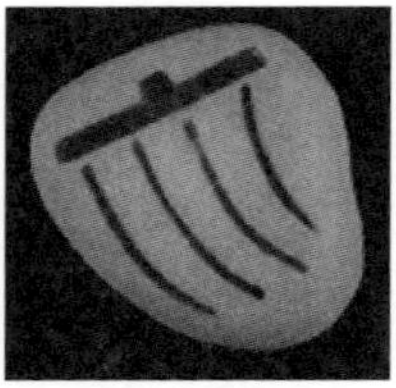

千石船　松濤園製

す。とてもおいしいお菓子です。帆が焼き印で表わされていて、とてもおしゃれです。

わたしは小さい頃から「千石船」はお抹茶とか、濃い玄米茶でいただくのが好きでした。ただ、北前船の意味とかはまるで知りませんでした。日本遺産に倉敷市玉島が下津井とともに北前船の寄港地として選ばれました。それを機に、北前船のことを尋ねられることがほんの少し増えました。

玉島港《たましまこう》を出帆《しゅっぱん》する北前船は、海上安全を祈念して、児島《こじま》の瑜伽権現《ゆかごんげん》と讃岐琴平《さぬきことひら》の金比羅《こんぴら》大権現《だいごんげん》に参るのがしきたりだったそうです。江戸時代《えどじだい》、当時は通常、どの港でも沖に投錨《とうびょう》（船が碇泊《ていはく》すること）し、伝馬船《てんません》で荷を運んでいましたが、備中玉島港は岸壁に横付けできる唯一といってもよいほど珍《めずら》しい港であったというのです。

それゆえ玉島港は、海上《かいじょう》の回船と、内陸《ないりく》の高瀬舟《たかせぶね》により、旅情も豊かな瀬戸内の商港として栄えてきました。だからこそ、住《す》む人も多く、お寺も立派なのだと知りました。円通寺のある白華山《はっかさん》の麓《ふもと》はにぎわう町でした。わたしの住む町は羽黒神社の麓にあります。玉島の円通寺は羽黒神社と道でつながっているようなかんじがします。羽黒神社は玉島の氏神様です。地元では「羽黒さん」と呼んでいて、結びの松があります。

小さい頃には境内によく遊びに行っていました。雨上がりには、でんでんむしを探しに行ったりもしていました。

「子供の頃には、よくでんでんむしをとりに羽黒さんに行ってましたけど、今考えるとご迷惑をおかけしていたのかしらと思っています」と若奥様に申し上げますと、「そんなことはありません。神社で遊ぶ子供たちの存在は、氏神さまなんですよ」とおっしゃられたことがありました。とてもあたたかな眼差しが昔からそこにあったのだと気付いたことでした。玉島はそういうところです。

わたしの住む町から歩いて二〇～三〇分のところに円通寺があります。うちから円通寺

羽黒神社境内の結びの松
（羽黒神社若奥様撮）

羽黒神社境内のでんでんむし
（羽黒神社若奥様撮）

へ歩いて行くには、先ず新町《しんまち》を通ります。羽黒神社《はぐろじんじゃ》を背にして新町の方へ歩きます。そうすると、昭和橋《しょうわばし》に出ます。その昭和橋を渡り、さらに進みます。そこからだんだんと上に登るようになります。途中に仲買町《なかがいちょう》があります。

さらにぐるーっと上に進みますと、円通寺の階段が見えてきます。山門《さんもん》を通ると、まず弁天池があります。もう、そのあたりに来ますと、息切れがしてきます。階段を上がります。更に進みます。たくさんの木々を通り抜けて行きますと、階段がまたあって、池に出ます。石庭です。わたしはそこでほっと一息つきます。

石庭の池は眺めが良いです。円通寺に登ってこれたなぁ、と思う場所です。また、階段があります。それを登ると良寛様の立っているお姿の像が見えます。その像の左手にある建物が良寛堂《りょうかんどう》です。右手にある建物が円通寺本堂《えんつうじほんどう》です。立派な建物です。ここで若き日の良寛様は修行なさったのです。

越後出雲崎《えちごいずもざき》の良寛様が、高僧国仙和尚様《こうそうこくせんおしょうさま》に随行《ずいこう》して、円通寺の学僧《がくそう》として玉島にやって来たのは、一七七九年。良寛様二十二歳のときでした。曹洞宗《そうとうしゅう》の国仙和尚様が同じ曹洞宗の円通寺に入られるのをご縁に、良寛様も来られたのでした。その後《ご》十数年をこの地で過ごし、後年、作った漢詩があります。「自来円通寺《じらいえんつうじ》」で始まる漢詩です。

この漢詩《かんし》は碑になっています。この詩碑《しひ》は円通寺境内にあります。良寛荘《りょうかんそう》から休憩所《きゅうけいじょ》へ向かって上り坂があります。その先に階段があります。階段を上がると右手に「白華山展望休憩所《はっかさんてんぼうきゅうけいじょ》」があって、あたりは広場になっています。ここまで来て振り返ると玉島の町並みが一望《いちぼう》できます。ちょっと息切れしてしまいますが、気持ちの良いながめです。玉島港も見えます。時折、船を見かけることもあります。

休憩所の向こう奥に星浦観音堂《ほしうらかんのんどう》があります。星浦観音様《ほしうらかんのんさま》は円通寺の御本尊でもあります。観世音菩薩様ですね。真言《しんごん》は「オン　アロリキャ　ソワカ」。真言をとなえながら手を合わせます。それだけで、いつも心が清らかになります。ふーっと力《りき》んでいた何かがゆるみます。静かな心になります。周りはとても静かです。鳥の鳴き声が遠くに聞こえます。

この星浦観音堂から見えるところに「自来円通寺」の詩碑はあります。この詩碑は良寛様の百回忌を記念して建立されたそうです。ここ円通寺で十数年にわたって修行した心境を詩に託したものです。台石《だいいし》を含めると高さ6ｍほどにもなる大きな詩碑です。

この詩碑を見たことのある人は多いと思うのですが、何《なに》が書いてあるのかはなかなか読めないと思います。見上げるような大きな詩碑です。昭和五年（一九三〇年）に建《た》てられました。とにかく立派な詩碑です。良寛様の自筆の漢詩を石に彫ってあります。

詩碑の元となった軸は円通寺に所蔵されています。五月《ごがつ》の三日、四日、五日にそのお軸が本堂で公開されたときには私も拝見させていただきました。良寛様の自筆のお軸が直《じか》に見えるように他のお軸も公開されています。それには驚《おどろ》きます。ガラス越《ご》しではなく、直に拝見させていただけるので、良寛様の書かれた字の勢いが感じられるのです。息《いき》づかいも。

「自来円通寺」の漢詩はまことに難しいですね。「円通寺に来てからもう何年経ったのかわからない」と始まります。わたしにとっては、生《う》まれ育った玉島ですが、良寛様にとっては見知らぬ土地です。この漢詩のなかで、「門前千家邑《もんぜんせんかのいふ》」と良寛様は玉島をうたわれています。風光明媚《ふうこうめいび》な玉島の円通寺。ここで学僧として日々を送ったであろう良寛様。どんな風《ふう》に過ごしておられたのでしょうか。

ここ玉島では、「更《さら》に一人だに知らず」とあります。越後生まれの良寛様は、はじめて玉島に来られて誰も知り合いがいないのです。幾年《いくねん》も、ここ玉島で過ごしたのに、知り合いがいないのです。早朝《そうちょう》から夜遅くまで、ずっと修行の日々であれば、当然のことかもしれません。でも、どんなに孤独《こどく》でいらっしゃっただろうと思うと胸がしめつけられます。修《しゅ》行中《ぎょうちゅう》、迷いがあったり、故郷に帰りたくなったり。いろいろあったと思います。でも良寛様は立派に玉島円通寺で修行を続けられました。

「門前千家の邑、更に一人だに知らず」と「千」に対して「一」と詠っているのです。漢詩は数の多いものと少ないものを対比して詠み込むことがあります。この漢詩も多い数と少ない数を対比させています。多い数、「千」は玉島の家の数です。少ない数、「一」は良寛様の知り合いが一人もいないということです。多い数と少ない数の対比はその差が大きければ大きいほど強調されます。千もの家とたった一人の知り合いもいないという孤独。良寛様は自分がひとりぼっちだと思っていたのです。千もの家がある玉島に一人も知り合いはいない、……というところには良寛様のやりきれない孤独を感じます。

そして、着るものが垢で汚れると自分で洗う、と詠んでいます。食《た》べものがなくなれば、寺の門を出て托鉢してまわる、とも詠んでいます。着《き》る物、食べる物。日常生活《にちじょうせいかつ》に最も必要なものを漢詩の中で詠まれているのです。毎日が大変だということが伝わってくる部分です。玉島の街を托鉢してまわる。思えばこれは大変なことです。修行だから当然です、と良寛様はおっしゃりそうですね。修行は厳しい、その上《うえ》に知り合いが一人もいないのです。心《こころ》がなかなかうちとけなかったのでしょうか。お互《たが》いに。そう考えると、良寛様の玉島時代は、ただただ厳しい孤独なものだったのだと思われてなりません。

孤独。私が三蔵法師に抱いた気持ちです。たった一人で旅をしていた。孫悟空や沙悟浄や猪八戒と楽しく旅をしていたのはお話で、本当はたった一人だったのです。良寛様も多くの人と一緒に修行をしたのかもしれませんが、孤独だったのです。旅は続いていたのです。大勢の人がいても、自分は独り。豊かな玉島の中に住んでいても、自分は豊かさとは無縁。なんという孤独。厳しい修行ですね。

この漢詩の中で、良寛様は、玉島の豊かさを読み、自分の清貧な暮らしを描いています。玉島の繁栄《はんえい》をもたらす北前船をどんな思いでみていたのでしょうか。北前船は北海道から西廻《にしまわ》りで上方《かみがた》まで来ます。その途中《とちゅう》、佐渡《さど》へも寄港《きこう》します。佐渡は良寛様のお母様の出身地です。あの船《ふね》に乗ると、故郷へ帰ることが出来るのに……。そう思った日もあったかもしれません。あの船に乗りたい……。良寛様は孤独な修行の合間に、玉島港を行き来する北前船を見ては故郷に思いをはせていたのかもしれません。

私の母方の祖父・宮尾清一は絵を描いていました。良寛様に思いをはせて描いたものもあります。「ときをりは　北前船を　見下ろして　ふる里こひしか　良寛さまは」という歌を作り、良寛様の絵を描いていま

宮尾清一 画「ときをりは」

す（右頁の写真）。絵葉書にもなっています。青年の良寛様はやはり家に帰りたくなった日があったにちがいない。故郷に帰りたくて帰りたくて、たまらなくなってしまう日があったにちがいない。泣きたくても泣くことができない日があったにちがいない。鳥はいいなぁ、鳴くこともできるし、自在に飛んで越後へ行くこともできる。そう思っていたんだと思う、と祖父はよく言っていました。

良寛様は私には、祖父に重なって思えます。祖父の絵の良寛様は、せつない表情がなんともいえないのです。良寛様は玉島港を見下ろしながら、ときどき望郷の念にかられていたのだと思います。祖父はその表情を描いたのでした。

二　君《きみ》に対《たい》し、君語《きみかた》らず（円通寺蔵の軸）

対君、不語　、、意
悠哉　帙散床頭書
雨打　簾前梅

沙門良寛書

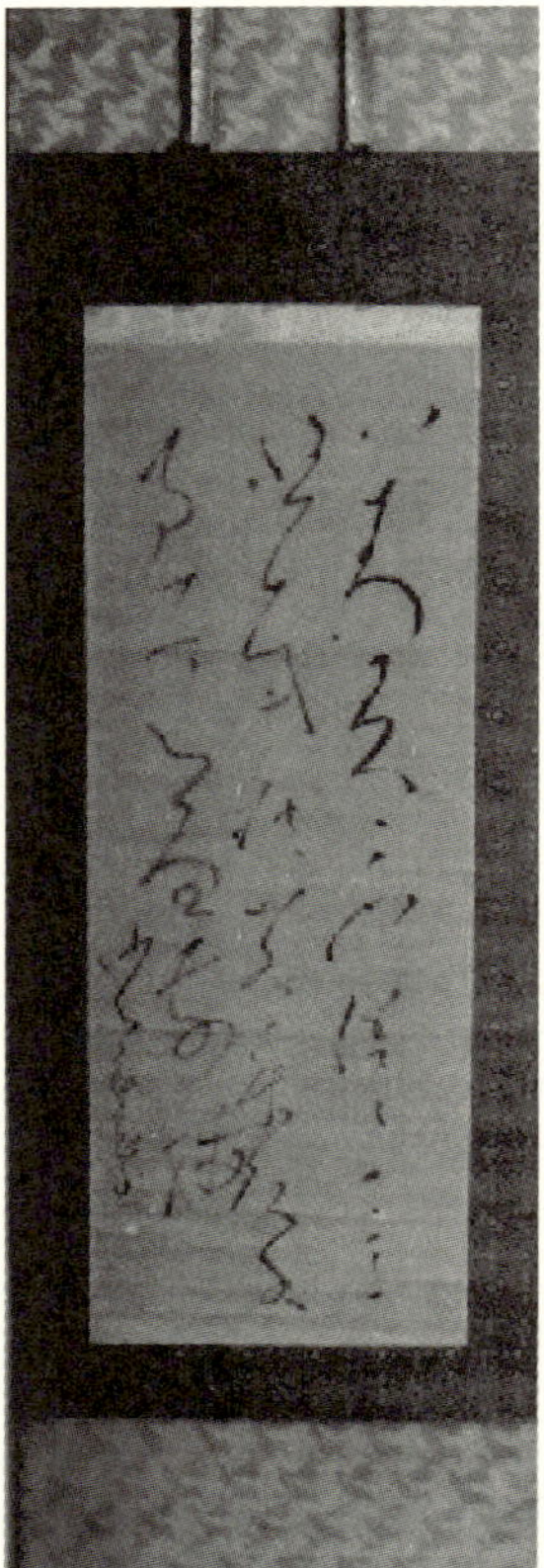

円通寺蔵の軸　良寛遺墨
（筆者撮）

君に対し、君語らず

君《きみ》に対《たい》して
君に対して

語《かた》らざる意《い》
語らないところは

帙《ちつ》は散《さん》ず
帙（書物の覆い）は散じている

雨《あめ》は打《う》つ
雨は打っている

君《きみ》語《かた》らず
君は語らない

悠《ゆう》なる哉《かな》
悠然としている

床頭《しょうとう》の書《しょ》
床頭（枕元）の書

簾前《れんぜん》の梅《うめ》
簾（すだれ）の前の梅に

水波《すいは》の喩《たと》え。仏教のことばです。水は大海《たいかい》。心の喩えです。誰しも心を持ちます。その心を大きな海に喩えています。風が吹いてきて、波となって揺れるがごとく、迷いの心は生じやすい。強い風が吹くと、波は大きい。弱い風が吹くと、波は小さい。小さくても、水面が揺れているのであれば、やはりそれは迷いの心。風がおさまると、水面は、すーっと平らかになる。元に戻るのです。

水は本来、平らかなほうへ志向《しこう》します。水が存在するから、平らになります。水が存在し、風が吹くから、波が立ちます。

つまり、心をなくしては平らかにもなり得ない上に、迷いもまたあり得ないのです。波は水を離れてはあり得ない、風はいつでもどこでも吹く。心は本来、寂静《じゃくじょう》を本質とするのだそうです。しかし、その水には風が吹く。心がざわざわする。ひとたび風がおさまると、元に戻る。また元の静かな心に戻る。良いことも続かないけれど、悪いこともまた、続かない。

この世は無常《むじょう》。つねに変わり続けます。人は元々、静かな心に戻ろうとするのですね。それを忘れてしまっているときが、私にはあります。迷いの心や不安の心でいっぱいになることがあります。水波の喩えは、私に、静かな心こそ、本来の自分であることを教えてくれました。

母方の祖父は十五年ほど前に他界しました。祖父がもうこの世にはいない、ということが受け入れられない日々でした。あの笑い声をもう聞くことができないのです。おじいちゃん、と青空に向かってつぶやいてしまいます。でも、おじいちゃんは返事をしてくれません。それがせつないのです。

良寛様のある漢詩を知ったとき、なんとなくその祖父を思い出しました。静かな時が流れました。「君《きみ》に対して、君語らず」という出だしの漢詩です。良寛様自筆の軸が円通寺に所蔵されています。

五月三日、四日、五日に良寛様自筆のお軸が本堂で公開されたとき、拝見させていただきました。私が参りましたのは小雨が降ったりやんだりした日でした。緑《みどり》がきれいな頃でした。とても立派《りっぱ》なお軸です。圧倒《あっとう》されました。ただただ圧倒されました。字は感《かん》じるものです。字は書《か》いた人そのものだとよく言われます。まことにその通《とお》りだと思います。字を書くと、その時の心の有り様《あよう》がでます。穏《おだ》やかなとき。苛々《いらいら》しているとき。哀《かな》しいとき。嬉《うれ》しいとき。何も考えていないとき。すべて字《じ》に現れてしまいます。

このお軸《じく》に向かい合ったとき、ただただ圧倒されてしまいました。良寛様は世俗のちっぽけなものはとうに超えておられていて、大きな心で筆を持っておられたのでしょう。だから、このお軸の前に立つと、圧倒され、そしてその大きな心に感動するのだと思います。良寛様の字は清らかなのですね。漢詩も清らかなのですね。すごい漢詩です。

「君に対して、君語らず」ではじまっています。君とは誰なのでしょうか。誰《だれ》に対座しているのでしょうか。「君」、それは、親《した》しい友達だったという説があるそうです。目《め》の前に友人がいるが、その友人は語らない。おそらく良寛様も語らないのです。良寛様とその友人との間にことばはいらない、ということなのでしょう。むしろ、その静《しず》けさが心地よい。そんな間柄《あいだがら》というのはなかなか得られないものです。

御茶席《おちゃせき》で釜をかけているとき、釜の鳴りが聞こえてきます。クォーというような音《おと》です。人によって表現はさまざまでしょうが、とにかくなんとも表現できないような心地《ここち》よい音です。お客様《きゃくさま》とわいわい話をしていると、その鳴りが聞こえないこともあります。そういう時も私は大好きなのですが、静《しず》かな席もしみじみと好きです。お互《たが》いにしゃべらないと、鳴りが静かに響きます。その響《ひび》きに身をゆだねるような心地になります。お互いに。不思《ふし》議《ぎ》な感覚になります。ことばは要《い》らないのですね。

お茶一服《ちゃいっぷく》のひととき。釜《かま》の鳴りだけが響く。口《くち》は互いに開かない。時折《ときおり》、鳥の囀りが聞こえる。ときに、葉《は》のゆれる音が聞こえる。風《かぜ》がふいているのだなと思う。おそらく、目《め》の前の方《かた》もそう思っている。でもそのことは口《くち》に出して言わない。お互いに。濃密《のうみつ》な時が流れる。そういうお茶席になるとき、私は、ほんとうにお茶をしていてよかったと思えるのです。

でも、なかなかそういうときは頻繁《ひんぱん》にはありません。ゆったりとした心がないと、静けさを心地よいとは思えないのです。

「君に対して、君語らず」の漢詩は静かな漢詩です。語らずして語る。静けさの中に身を置く。

濃密な時が流れているのです。

玉島の仲買町に「菊池酒造《きくちしゅぞう》」という造り酒屋さんがあり、「燦然《さんぜん》」とか「奇跡のお酒」という名前のお酒が有名です。近藤萬丈《こんどうばんじょう》は菊池家のご先祖様で、良寛様と土佐（高知）で会った人として知られています。その菊池家の奥様はお休みの時、家族も皆出掛けて行って、家に誰もいない時、一人でお庭を眺めながらお昼ご飯をいただくときがあるのだそうです。誰もいない、静かな時。見えるのは庭と空。

「一人で庭を眺めていると、とても静かなんです。まるで時がとまったように感じます。すぐそこの通りを良寛様は歩いておられたのだなあと思うときもあります」とおっしゃったこともありました。時がとまったように感じる、そんな静かな時間。語らない時間。語らないから得られる尊さ。

「君に対して、君語らず」という、この冒頭にはやはり、圧倒されるのです。「君に対して、君語らず。語らざる意《い》　悠なるかな」君に相対している、その君は語らない。語らない心は悠然としている。

君とは誰か。

一説に「君」は枕地蔵であったともいわれています。小さなお地蔵様です。お母様《かあさま》と思い、大切にしていた枕地蔵。念持仏のような存在。良寛様のお母様は玉島円通寺で修行していたとき、亡くなりました。その知《し》らせに、良寛様はどんなに深い悲しみを抱えられたことでしょう。修行の身の良寛様は、帰りませんでした。越後に帰ってももういない、あの部屋に行っても、もういない。あの家に帰《かえ》ろうと思えば帰ることが出来るかもしれない。でも、笑顔《えがお》で迎えてくれるおかあさんはそこには、もういない。良寛様は玉島円通寺では深い深い孤独に耐えなければならなかったのです。

漢詩の冒頭は「君に対して、君語らず」とあります。良寛様は、枕《まくら》地蔵《じぞう》に対座しています。その枕地蔵は語らないのです。漢詩は「語らざる意《こころ》、悠なるかな」と続きます。語《かた》らない、その心は悠然としている……。

この漢詩は「帙《ちつ》は散《さん》ず、床頭《しょうとう》の書《しょ》。雨《あめ》は打《う》つ、簾前《れんぜん》の梅《うめ》」で結ばれています。本《ほん》が枕元にちらばっている。外ではどうやら雨が降っているようだ。庭の梅の花の上にも。梅《うめ》の花は女性にたとえられることがあります。良寛様《りょうかんさま》は梅の花をお母様にたとえているのかもしれません。雨《あめ》を涙にたとえて。梅《うめ》は香り高き花です。崇高《すうこう》な花です。良寛様《りょうかんさま》のお母上様もそういうお人柄であったのではないかと感じられます。

漢詩の中で静《しず》かに、お母様のことを思い出している。静けさの中、庭の梅に春の雨が降りかかっているのを聴いている。ただ耳《みみ》を傾けているのです。雨の音にただ、耳を傾けているのです。どんな雨なのでしょうか。しとしとと降っているのかもしれません。ざあざあ降っているのかもしれません。さらさらと降っているのかもしれません。涙にたとえられる雨、やはり、せつなく降っているのでしょうか。良寛様はこの漢詩を何度も書いたといいます。

何度も書くというのは、写経《しゃきょう》にも通じると言われます。自らの「浄《きよ》め」としてこの漢詩を何度も書いたということです。私は、この漢詩を目の前にしたとき、不思議と祖父を思い出しました。「君に対して、君語らず。語らざる意、悠なるかな」。私は良寛様の漢詩の中に祖父を思い出し、頬を涙が伝ったのでした。

三　霞立《た》つ　長《なが》き春日《はるひ》を（円通寺歌碑）

円通寺句碑（筆者撮）

霞《かすみ》立《た》つ
霞が立っている
長《なが》き春日《はるひ》を
長い春の日を
子供《こども》らと
子供らと
手毬《てまり》つきつつ
手毬をつきながら
この日《ひ》暮《くら》しつ
この一日を日が暮れるまで　過ごしました

明恵上人《みょうえしょうにん》（一一七三年～一二三二年）は、「夢記《ゆめのき》」で有名です。十九歳の頃から、五十九歳の頃まで、見た夢を記したものです。

明恵上人といえば栂尾《とがのを》の髙山寺《こうさんじ》。茶道を志す者には聖地の一つです。鳥獣戯画《ちょうじゅうぎが》で有名ですが、お茶の木の栽培された地としても有名なのです。栄西禅師《えいさいぜんじ》（岡山県出身）が宋《そう》から持ち帰ったお茶の実を明恵上人に伝えて、栂尾の髙山寺で植えられました。日本で最初にお茶がつくられた場所なので、「栂尾」のお茶を「本茶《ほんちゃ》」、その他のお茶を「非茶《ひちゃ》」と呼んでいました。そういう話を母から聞いて育ちました。

島に手紙を書いた、とか、「あかあかや　あかあかあかや　あかあかや　あかあかあかやあかあかや月」というお月様の一首を詠んでおられるとか、そんな話も母はよく聞かせてくれました。お月様の歌のときは、「あかあかや　あかあかあかや　あかあかや……あれ？何回言ったかしら」とかいうふうにして。そういう話を聞くのは子供心に楽しい時間でした。明恵上人っておもしろい人だな、と思ったものです。

明恵上人は幼い頃に両親をなくしました。亡き父母を慕う明恵上人は、犬を見ても父母の生まれ変わりでは、と思ったといいます。ある日、子犬をまたいでしまい、はっとして立ち返り、拝んだとも言われています。

高山寺には、明恵上人が愛玩《あいがん》したという木彫りの子犬があります。わずかに首をかしげていて、まことにかわいらしい子犬です。撫《な》でたい……という衝動《しょうどう》にかられそうです。明恵上人は、たしか、子供の頃、海岸で石ころをずっと、蹴り続けていて、それを見た先輩が、何故蹴り続けるのか、と問うたそうです。子供の遊び、と思ったのでしょう。

しかし、明恵上人は、「経文が頭を離れなくて、たまらぬので蹴り続けているのです」と答えたのです。傍《はた》から見ると、飽きもせず、石ころを蹴り続けて、他愛《たあい》もないと思われることかもしれません。しかし、明恵上人の中では全く想像もできない宇宙が広がっていたのでした。この逸話に接したとき、私の中に、明恵上人の心に通じる何かが存在する、と観じたのです。

傍から見る姿と、自分の心の中に広がっているものは、まったく違う。でも、あえて人には言わない。問われると初めて口に出す。その気持ちがなんとなくわかるのです。私にもそういうところがあります。だから、誰かの姿に接するとき、もしかして、見た目とは違う世界が心に広がっているのかもしれない、といつも思います。自分がそうだから、人もそうなのだろうと思うのです。

また、明恵上人は、お釈迦様のお生まれになられた天竺へ行きたいと思っていたようです。それは春日《かすが》明神《みょうじん》のお告《つ》げにより、断念します。しかし、後年、明恵上人は、もし、自分が仏教の聖地、天竺で生まれていたら、どうであったであろうかとも考えたようです。もし、インドで生まれていたらお釈迦様に会ったような気持ちになって、厳しい仏道修行もしなかったのではないか、という思いに至りました。これは、何事にも通じることです。もし、今よりずっと恵まれた境遇だったら、もっと自分は優れた人物になっていたのかもしれない、と思うのです。

しかし、そうではないからこそ、自分には不足していると思うところを補うべく努力を惜しまない人物になれるのです。それになかなか気付くことはできません。明恵上人も天竺へは二度も行こうとして、断念したのです。

実は、良寛様も天竺へ行こうとしていたのではないかといわれているそうです。ことばにはできない何かを求めたくて、天竺へ行きたいと思ったのだと思います。私には、明恵上人と良寛様が重なって思えるときがあります。

傍から見たイメージと本来の自分との差、そこが共通していると感じられるのです。たとえば、手毬をつく良寛様。子供と遊んでいるのです。働きもせず、遊んでばかりいる。と周りからは思われていたかもしれません。しかし、良寛様は、子供と毬をつくのです。なぜ、良寛様は子供と毬をついていたのでしょうか。

越後は、冬が厳しいと聞きます。やっと春がくると、野原に出ることが出来ます。春の訪れを喜ぶ。軽やかに体が動く。手毬をつこうかな。そう思い、春のうららかな陽ざしの中、手毬を出してみる。地面には若い緑の草が芽吹き始めている。若い緑色の草。手毬をついてみよう、「ひ、ふ、み、よ、い、む、な……」春の息吹《いぶき》を感じながら、今、一心に毬をつく。時を愛《いと》おしむ良寛様。今を大切にする良寛様。手毬をつく良寛様からは過ぎゆく今を大切にする心を感じます。

来し方、良寛様は色々なことがあったのだと思います。幾度となく挫折しそうになったこともあったと思います。「自分は一体、何をやっているのだろう」と思うこともあったのかもしれません。目指す姿が崇高であればあるほど、世間とのずれが大きく感じられます。だから、また、一生懸命に取り組む。今日は、こんなことに一生懸命になれた、と思ったりして暮らす。良寛様のイメージは一生懸命に何かに取り組むお姿です。そして、一生懸命に鞠《まり》をつく姿です。

玉島の人にとって、良寛様のイメージは、手毬の良寛像だと思います。手毬を手にした良寛様の像が白華山《はっかさん》の山頂のあたりにあります。白華山とは、円通寺のある山です。「玉井堂《たまいどう》」という、玉島通町《とおりまち》の老舗の和菓子屋さんがあります。うちからは歩いて五分ほどのところにあります。そのお店には「白華良寛」という焼き菓子や、「良寛煎餅」というお煎餅があります。

どちらのお菓子もお抹茶とか濃いお煎茶とかによく合います。落ち込んだ時に食べると元気になります。春の日の午後などに

良寛煎餅　玉井堂製（筆者撮）

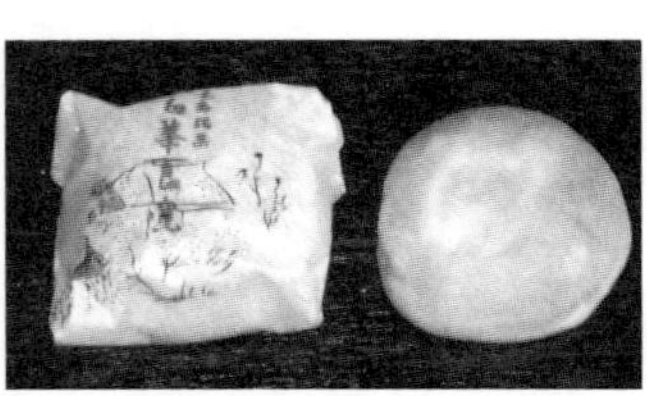
白華良寛　玉井堂製（筆者撮）

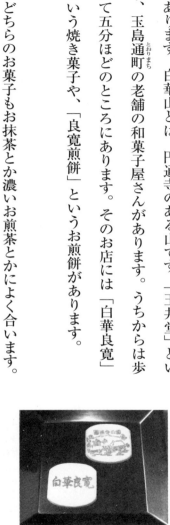

も、ほっこりとできるおいしいお菓子です。白華山は円通寺のある山として玉島では馴染み深い名前なのです。その白華山の山頂の広場に、「童と良寛」という題の白い像があります。

良寛荘の正面玄関を出て、右方向へ行き、塀を出ると、すぐの坂道を上へ歩いて行きます。右手上に休憩所が見えてきますと、左手に公園が見えます。その公園沿いに上へ歩いて行きます。

童と良寛　円通寺の良寛像　（筆者撮）

遊歩道を歩いて行くと、所々で玉島港を見ることができます。天気がよければ、向こうのほうまで見渡すことができます。瀬戸大橋が見えます。本当に晴天であれば、四国、高松がみえることがあります。瀬戸内海は穏やかです。そういう景色をみながら、ぐるーっと上の方に歩いて行くと、知る人ぞ知る屋根のついた休憩の場所があります。とても見晴らしのよい所です。屋根のついた石の机と椅子のある場所に至りますと、右手に上に上がる階段があります。その階段を上がると広場に出ます。その広場に行きついた頃には、私は「はあ…、はあ…、」と息切れがしてきます。

広場の奥には「愛宕殿」があります。その左手前に「童と良寛」の白い像はあります。すぐにわかります。

深呼吸をして、良寛様の手毬の像を見上げます。やさしい表情だな、と思います。良寛様に子供達が戯れている像です。良寛様は、「子供の純真な心こそが誠の仏の心」と言っておられたそうです。子供達とかくれんぼや手毬をついたりしてよく遊んだという逸話は、ほんとうに多く残っています。

いつでも子供達と遊べるように良寛様の懐にはいつも手毬を入れていたということです。白華山の良寛様の像は、手毬を右手にのせています。なんだか尊いお姿です。

玉島のあるお茶の先生は、お宅のお庭の梅の木を大切にしておられます。紅梅の木です。その木のそばに薬師如来（薬師瑠璃光如来《やくしるりこうにょらい》）の像があります。左手に薬壺《やっこ》をのせて、おだやかに微笑んでおられます。先生は薬師如来の像を紅梅の木の横に置きたいと思いました。紅梅の木は先生のお嬢様がお生まれになったときに植えられた木なのだそうです。毎年、鮮やかな紅梅の花を咲かせます。先生が紅梅の木を見るときは、とても優しい表情になられます。薬師如来像に願いを込めておられるのだろうと私はいつも思っております。

　薬師如来は、病気を治してくれる如来様なのだそうです。病気になってしまうと、健康であったときのことが、心から有り難く思われます。病気の苦しみを知って、病が治ると、生きていることを心から有り難いと感じます。薬師如来様は、病気が治った人が何かに気づき、本当のしあわせを深く感じるようにして下さるのだそうです。

ただ、何もなくほんとうの幸せは感じられません。そこにあるのにわからないのです。だから、薬師如来様は治して下さるのです。本当のしあわせに気付くために。

　現世（東方浄瑠璃界《とうほうじょうるりかい》）、つまり今を生きているわたしたちを助けて下さっているのです。

薬師如来の真言は「オンコロコロ　センダリ　マトウギ　ソワカ」です。手は施無畏印《せむいいん》（おそれずともよい、という意味の印）、左手は与願印《よがんいん》（相手に何かを与えるという印）を結んでおられて、左手の上に薬壺をのせておられます。薬壺の中には薬が入っていて、衆生を苦しみから助けて下さるのだそうです。

白華山山頂の良寛像は右手に手毬がのっています。持っているのではなく、のせています。丸い手毬を。私はなんとなく薬師如来様を思い出すのです。手毬を右手にのせた良寛像を見上げると、いつも時の経つのを忘れてしまうような感覚にとらわれるのです。

良寛像を正面から見上げたあと、後ろに振り返ります。そこには、「霞立つ　長き春日を子供らと　手毬つきつゝ　この日暮しつ」の和歌が刻まれた碑があるのです。結句「この日暮らしつ」に、のどかな感じを受けます。しみじみと和歌に思いを寄せます。

句碑のある広場は、頂上ゆえのすがすがしさがあります。たいてい誰もいません。静かに石碑を読みます。もう一度深呼吸をしてその場を立ち去ります。その間も、たいてい誰も上ってきません。

その広場から降りると、たまに、誰かが屋根のある休憩の場所にいて「上に何かあるのですか?」と聞かれることがあります。「有名な良寛様の手毬の像とか、『手毬つきつつ』

の和歌の碑とかがありますよ。ぜひ見に行って下さい」と申します。大抵の方は登って行かれます。

霞立つ　長き春日を　子供らと　手毬つきつゝ　この日暮しつ

霞の立つ長い春の日を子供たちと手毬をつきながらこの日を暮らしたことだ、という意味の和歌です。この歌には本歌があるといわれています。本歌は二首あります。いずれも『萬葉集』の歌です。

霞《かすみ》立《た》つ　長《なが》き春日《はるひ》を　かざせれど

霞が立っている　長い春の日じゅう　髪に挿しているが

いやなつかしき　梅《うめ》の花《はな》かも

ますます手放せない　梅の花であるよ。

『萬葉和歌集《まんようわかしふ》』巻第五・八四六　小《を》野《の》氏淡理《うぢのたもり》

春《はる》の雨《あめ》に　ありけるものを　立《た》ち隠《かく》り
春雨だったのに（ひどくは降らないものなのに）雨宿りして
妹《いも》が家道《いへぢ》に　この日暮《ひく》らしつ
あの娘（こ）の家に行き着かないうちに日が暮れてしまった。

『萬葉和歌集』巻第十・一八七七　作者未詳

この二首です。八四六番の歌の中からは、「霞立つ長き春日を」を、一八七七番の歌の中からは、「この日暮らしつ」を本歌取りしています。「霞立つ」は春の枕詞です。良寛様の和歌でも春が導き出されています。

良寛様の第二句目、「長き春日を」の「長き」には、日の短かった冬が過ぎ、日の長くなった春を待ち望んでいた心が感じられます。時の流れもゆったりと感じられる表現です。春夏秋冬の時のめぐり。やっと冬が過ぎた。そして待ち望んだ春がやってきた。ようやく春がやってきた。そんな気持ち。

私にはもっと別の次元の時の流れも感じられます。この和歌が『萬葉集』からの本歌取りであることを思うと、「長き」という時の流れは、『萬葉集』時代からの長さをも、私には感じられるのです。今現在流れている時の「長き春の日」ではなく、遙か古代からの時の「長き春の日」です。「いにしえ」からの時の流れです。いにしえから時が流れ、その流れの先にわたしたちがいる。古き時代から絶え間なくつながっている。

なぜ良寛様は『萬葉集』の二首から和歌を作り上げたのでしょう。遙か昔の時の和歌になぜ良寛様は惹かれるのでしょう。それは、本来の自分の姿に戻ることが出来るからではないでしょうか。遙か萬葉の時代からつづく「長き春日」。ずっと春は続いていたのだと良寛様は気付いたのです。ずっとずっと春は冬のあとにめぐってきていたのだったと。そしてこれからも春は毎年めぐってくるのだと。そこに永遠性を感じ、心がゆったりとする。元の自分に戻ってゆけるような気がする。ゆっくりと。もう戻ってはこないあの頃の自分にも。もう戻れないあの頃の自分にも。本来の自分の姿に。戻ってゆける。ゆっくりと。

一生懸命に手毬をつくのはそこに戻ってゆくことが出来るから。「子供らと」手毬をつく。「童心」に戻る一瞬一瞬を良寛様は、日が暮れてゆくのにも気づかないほど、大切に過ごした。この和歌にふれると、私は何かを忘れてしまっている自分に気付きます。とても大切な何か。ことばには表せない何か。

小さい頃は、良寛様の「手毬つきつつ」の和歌が素朴で楽しい歌だとばかり思っていました。そんな風に思っていたのは、まだたいして何も失っていなかったからかもしれません。だから、何も気付かなかった。今の私には、この和歌はとても切ない歌です。失ったものを取り戻そうとする歌のように思われるのです。つらいこと、悲しいこと。忘れることのできないこと。

忘れることの出来ないことを忘れる方法が、あるとすれば、

一《ひ》 二《ふ》 三《み》 四《よ》 五《い》 六《む》 七《な》 …

と数を数える。

そうすることで、つらい現実を忘れることができる。

一 二 三 四 五 六 七 …

唱えているうちに、いつの間にか、笑っていた。何か信じることばを唱えるのも同じことなのかもしれません。いつも何かを唱える。つらくなったら唱える。数を数える。くりかえし、数を数える。毬をつきながら、数を数えるだけで、忘れられる。今日のまりつき

のひとときを、一緒に遊ぶ子供らは、いつか思い出すであろう。悲しくなったとき、つらくなったとき。「ひ、ふ、み、よ、い、む、な……」涙とともに数えるかもしれない。涙がかれたころ、また力強く一歩を踏み出してくれる。……それを強く願っている良寛様。

それを思い起こし私の母方の祖父は、この和歌の歌を絵葉書にしています。「老いを忘れて　まりつきあそぶ」と添えてあります。「霞立つ」の和歌は、悲しみを越えたところにある、やさしい、そして楽しい歌なのです。

宮尾清一 画「老いを忘れて　まりつきあそぶ」

四　薪《たきぎ》を　担《にな》ひて（円通寺詩碑）

円通寺句碑（筆者撮）

擔薪下翠岑《たきぎをになひてすいしんをくだる》　翠岑道不平《すいしんみちはたひらかならず》　時息長《ときにいこふちゃう》

松下《しょうのもと》　静聞春禽聲《しづかにきくしゅんきんのこゑ》

良寛書

時息《ときにいこふ》

時に憩う

薪《たきぎ》を　担《にな》ひて　翠岑《すいしん》を　下《くだ》る

薪を担いで　翠岑を下っていく。

翠岑《すいしん》　道《みち》は　平《たひ》らかならず

翠岑の道は　平らかではない。

時《とき》に　息《いこ》ふ　長松《ちゃうしょう》の下《もと》

時に憩う　大きな松のもとに

静《しづ》かに聞《き》く　春禽《しゅんきん》の声《こゑ》

静かに聞く　春禽の声を

退屈《たいくつ》というのは、ひまを持て余している状態をいうことばだと思っていました。仏教のほうでは、退き、屈するという、厳しい意味です。仏道修行の苦しさ、困難さに負けて、精進する気力が衰退することをいいます。一般的に嫌気がさす、へこたれる、また、あきする、というところから、ひまを持て余す意味に転じたようです。退屈本来の意味としては、困難にぶつかり、しりごみしてしまうことです。気力を失うということが最もおそろしいことです。何もできなくなってしまいます。

日本最古の物語「竹取物語」には、かぐや姫が月に帰る時、武士《もののふ》の気力が失われる場面がでてきます。かぐや姫は今度の八月十五日の夜、月から迎えが来ると言います。月へ帰らなければならないのです。それを聞いた帝《みかど》はかぐや姫を月に帰してはならない、と武士たちに命じます。弓や矢を持ち、戦う気でその日を迎えます。

いよいよ、かぐや姫を迎えに月の人々がやってきます。そうすると、かまえていた武士たちは、なぜか体から戦う気力を失ってしまったのです。そして、かぐや姫は武士たちが為《な》すすべもなく月へ帰ってしまったのでした。

私は、この武士たちの気力が失せる場面が不思議でなりませんでした。人は、時にふっと気力を失うことがあります。頑張ろうと思っていたのに、頑張れなくなってしまいます。へこたれるのですね。以前はへこたれるのはよくないと思っておりました。いつも向上心を持って、走り続けるべきだ、と。

でも、そうはいきません。いろんなことがあります。その度に、へこたれます。凹《へこ》む、とか言いますね。そんなとき、動けないので、ちょっと心を休んでみます。深呼吸をしてみます。まず、ゆっくりはきます。そして、ゆっくり静かに息を吸います。

これを繰り返すと、体が少しずつあたたかくなります。手もぽかぽかしてきます。今まで、手がぽかぽかしていなかったのです。それに気付くのです。手があったかくなると、ふーっと笑顔になれます。不思議です。

母方の祖母は数年前に他界しました。祖父の時と同様、まだ、それが受け入れられていません。おばあちゃんは、いつも手がぬくぬくでした。いつも笑顔でした。認知症になって、孫の私が誰なのかがわからなくなっても、いつも手をにぎってくれました。あったかい手でした。

おばあちゃんは、若い頃から、畑で野菜を作っていたようですが、畑はおばあちゃんがもっとも「ほっ」とできる場所でした。認知症になると、季節はぐちゃぐちゃです。炬燵《こたつ》に入っていて、「もう胡瓜《きゅうり》を取りに行かないと」と言ったりしました。なのに、いつもおばあちゃんの心の中では、あの畑で何かが実っていたのでした。「そろそろ絹さやを取りに行こう」と言って、私の手をぎゅーぎゅー引っ張ったりしました。そんな時、おばあちゃんの顔は柔和でした。そして、手があったかかったのでした。

おばあちゃんが認知症だとわかったとき、こんなに悲しいことが世の中にあるのかと思いました。何もかもやる気が失せました。何にも意味がないように思えました。自然の景色も色が変わって見えました。みずみずしさを感じなくなりました。気力が失せるということは、現実におこります。

でも、おばあちゃんの笑顔にちょっとずつ元気を取り戻すこともあったのです。悲しいけれど、笑顔でいなきゃいけない。おばあちゃんのためにも。そう思う日々でした。悲しい中で笑うのはほんとうに難しいことでした。懸命に笑おうとしました。今も、一生懸命に笑おうとしているのです。悲しいけれど。

良寛様の胸にはいっぱい悲しみがありました。でも人と接するときには、いつも微笑んでおられました。慈愛《じあい》の心を以《もっ》て、安心できるような笑顔をなさっておられたのです。

松の木まで歩いてゆく、という良寛様の漢詩があります。円通寺境内にその碑がありま す。秋葉宮のところにあります。円通寺境内の句碑の中で一番見付けにくい碑かもしれません。本堂のそばの良寛像と良寛堂の間の道を奥に行くと、白雲関に至ります。秋葉宮はその奥にあります。

松の木の出てくる詩碑はその近くにありますが、ちょっと探しにくいです。でこぼこしています。斜面を行きます。そして、ひっそりとたっています。なので、見付けると嬉しいです。良寛様自筆の漢詩が彫られています。やわらかな字。木々に囲まれている、苔むしたところ。そこに碑は建っています。

「薪《たきぎ》を担《にな》いて翠岑《すいしん》を下《くだ》る」で始まるこの漢詩は、良寛様が春の日に、薪を背負って山を歩き、松の木のもと、鳥の声を耳にした、という内容です。

ある春の日、薪を背負って翠岑を下りてきます。翠岑とは、春の青々とした峰のことです。見れば美しいみどりの峰ではあるけれど、実際に足で歩くと、その道は決して平坦ではないことが実感されます。「道は平らかならず」とあるのです。山道の険しさを言うことばです。同時に、人生においても、歩んで行かねばならない道は決して平らかではないことを言うことばでもあります。

薪を背負って平坦ではない道を行く。春のうららかな日。薪を背負って、でこぼこの道を行くのです。少し一休みしようかな、と思うと、松の木がある。あそこで休もうと思う。荷物をおろして大きな松の木のもとで腰をおろす。松の木陰はすこし涼やか。背中を松の木に預け、休む。息を整える。

……と、鳥の鳴き声。春の鳥。うぐいす。

ほう……ほけきょう。なんとうつくしい声なのだろう。こんなにうつくしい声だったかしら。こんなに涙が出そうになったことはあったかしら。

ほう……法華経《ほけきょう》。この声を聞くためにここまで歩いて来たのだろう。重い薪を背負って、平らかではない山道を。この声に気付くために歩いて来たのだろう。一歩、また一歩と。どれくらいの時が経ったたろう。耳をすませば、ほかの春の小鳥の声も聞こえてくる。遠くで、また近くで。うぐいすの声もまた聞こえてくる、遠くで、また近くで。

そういう漢詩です。

ふーっと息をはいて、空を見上げてみます。春の青空に薄い雲がときおり流れてゆく。風がふいてくる。心地よい。息を吸ってみる。そろそろまた歩こうか。ゆっくりと立ち上がり、薪を背負う。息を静かにはく。また、歩き出す。ゆっくりと歩き出すのです。くたびれたら、一休《ひとやす》みしたらいいのですよ。頑張りすぎたら、一息《ひといき》しませんか。ゆっくりと、鳥の声に耳を傾けて。腰を下ろして。遠くを見やって。緑の木々が美しい。深く息をはき、深く息を吸う。

ふっと笑顔になりませんか？　にこっと笑いましょうよ。手もぽかぽかしてきますね。そしたら、ちょっと休んだら、またゆっくり進めますよ。…だから、ちょっと休《やす》めばよい、と。良寛様はそう語りかけて下さっているのです。わたしは、この漢詩に出会い、おばあちゃんの手のぬくもりをあたたかく思い出したのでした。

五　乞食《こつじき》して　市鄽《してん》に入《い》る（円通寺詩碑）

円通寺句碑（筆者撮）

乞食して 市鄽に入る

乞食入市鄽《こつじきして　してんにいり》
道逢舊識翁《みちにきうしきの　おきなにあふ》
問我師胡為《われにとふ　しは　なんすれぞ》
住彼白雲峯《かのはくうんのみねに　すむと》
我《われは》道子胡為《いふ　きみは　なんすれぞ》
占此紅塵中《このこうぢんのなかに　しむると》
欲答両不答《こたへんとほっして　ふたりながら　こたへず》
夢破五更鐘《ゆめはやぶれたりごかうのかね》

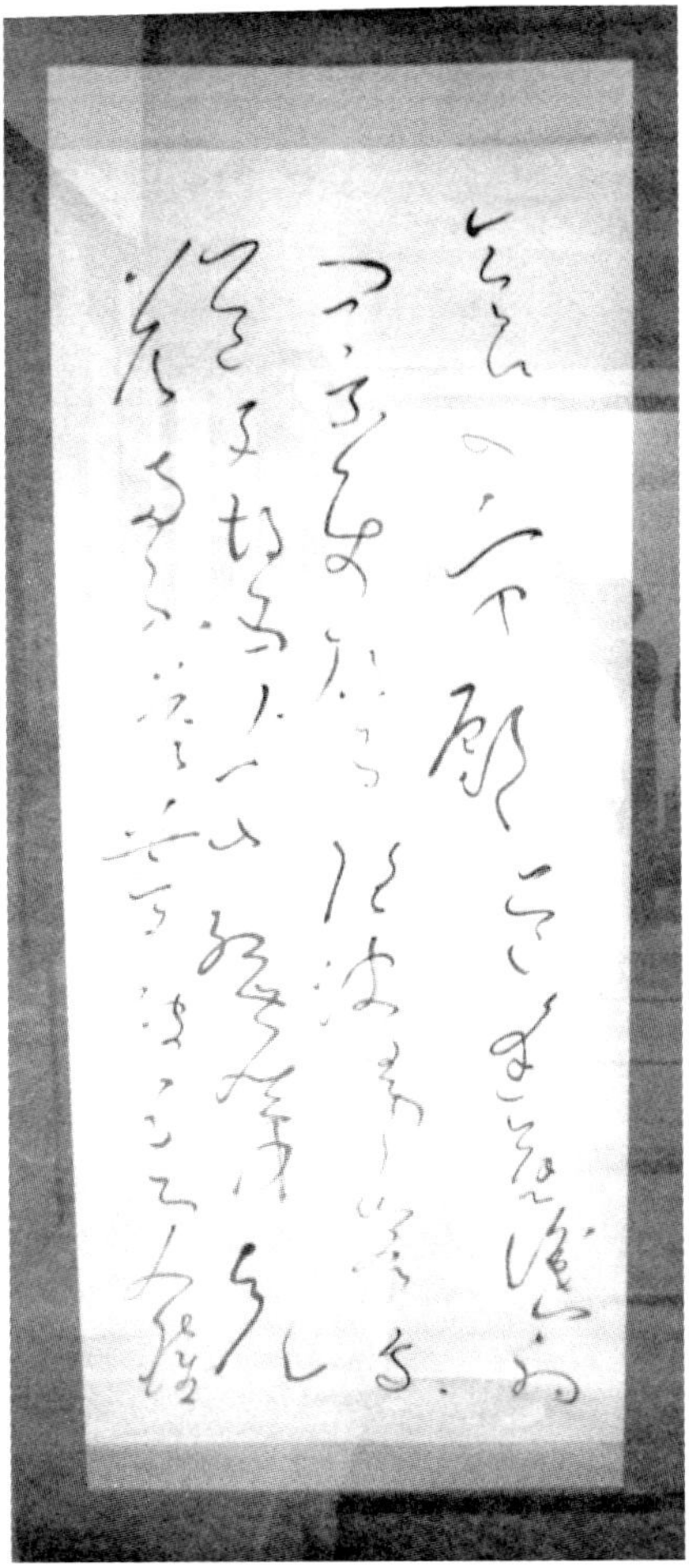

円通寺蔵の軸　良寛遺墨（筆者撮）

夢中問答《むちゅうもんだう》

夢の中での問答

乞食《こつじき》して市鄽《してん》に入《い》り、道《みち》に旧識《きうしき》の翁《おきな》に逢《あ》ふ。我《われ》に問《と》ふ。

托鉢をして店の並ぶ町中に入り、道で古くからの知り合いの翁に逢った。その翁は私に尋ねた。

「師《し》は胡為《なんすれ》ぞ　彼《か》の白雲《はくうん》の峰《みね》に住《す》む」と。

「あなた様はなにゆえ　あの白雲の峯に住むのですか」と。

我《われ》は道《い》ふ。

わたしは言った。

「子胡為《きみはなんすれ》ぞ　此《こ》の紅塵《こうぢん》の中《なか》に占《し》むる」と。

「あなたさまはなにゆえ　この紅塵（俗世間）の中に住むのですか」と。

答《こた》へんと欲《ほっ》して　両《ふたり》ながら答《こた》へず。夢《ゆめ》は破《やぶ》らる五更《ごかう》の鐘《かね》に。

答えようとしたが、二人とも答えることが出来なかった。五更の鐘が鳴ったので夢から覚めた。

月《つき》に叢雲《むらくも》、花《はな》に風《かぜ》。良いことには邪魔が入りやすいという喩《たと》えです。たとえば、満月の夜、皎々《こうこう》と照る月を見上げたとき、雲一つないとお月様はきれいに見えます。しかし、雲がかかると、お月様は隠れてしまいます。見えなくなるのです。せっかくお月様を見ようと思ったのに、と残念になります。

満開の花を見ていると心がぱーっと明るくなります。しかし、風が吹くと、あるいはその花は散ってしまいます。だから、月を見るときは、叢雲（群《むら》がり集《つど》う雲《くも》のこと）が来ないように、花を見る時は、風が吹かないように、と思います。

侘《わ》び茶《ちゃ》の祖《そ》、村田珠光《むらたしゅこう》（一四二三年〜一五〇二年）の有名なことばに、「月も雲間《くもま》のなきは嫌《いや》にて候《そうろう》」というのがあります。雲間があるから今日の月は趣《おもむき》があるということですね。手前に雲があるから、本来のお月様の光りは薄くなったり、まったく遮断《しゃだん》されたりします。そこがいいのです。

叢雲は分厚《ぶあつ》い雲を思い浮かべますが、その雲もひょっとすると、風にのって月を離れるかもしれません。実は、そういうことが以前ありました。心がふさがっていたとき、ある方とたまたまお月様を見上げました。あそこに月があることはわかっているんだけど、分厚い雲に遮《さえぎ》られて、わずかしか光りがわかりません。

お話をしていて、二〇分ほど経ったでしょうか、ふと空を見上げると、なんと、あんなに分厚く、広くかかっていた雲がいつのまにかどこかへ離れていたのです。

天空には皎々《こうこう》と照る月のみがあったのでした。きらきらと輝いていました。そして、そのお月様は、いつもよりきれいに見えたのでした。それは、雲が月を覆っていたからなのです。

月に叢雲、というのは、一瞬、邪魔だなと思っても、いつまでも叢雲はとどまっているわけではないので、あきらめていても、ふいに大丈夫になるという意味もあるのではないでしょうか。

花に風にも、別の意味があるような気がします。満開の花に風が吹くと、良い香りがあたりに広がります。また、風にゆれる花は活《い》き活《い》きとして何ともいえない風情《ふぜい》を感じることがあります。

雲も風もふいに生じます。それにそのまま身をまかせる生き方を良寛様はなさっておられたのです。任運《にんぬん》自在《じざい》です。

任運という言葉に接すると、「有漏路《うろぢ》より　無漏路《むろぢ》に帰《かへ》る　一休《ひとやす》み　雨《あめ》ふらば降《ふ》れ　風《かぜ》ふかば吹《ふ》け」という一休宗純《いっきゅうそうじゅん》（一三九四年～一四八一年）の一首を思い起こします。頓智《とんち》で有名な一休さんの名前の由来です。

月は心を表わすともいわれています。雲に覆われても、風が吹いてきても、雨が降っても、そのまま。そこにある月の光は本来の姿のまま、変わらないのです。そしてまた、元に戻るのです。あなたの心も、元に戻るのです。わたしの心も、元に戻るのです。それを信じて日々を大切に送ります。かならず、戻る、と。

気が付くと戻っていた、という感覚を呼び起こしてくれるものに、「十牛図《じゅうぎゅうず》」というのがあります。第一図から第十図まで、十の絵があります。その絵にはひとつずつに題名がついています。

十牛図《じゅうぎゅうず》

第一図「尋牛《じんぎゅう》」

第二図「見跡《けんせき》」

第三図「見牛《けんぎゅう》」
第四図「得牛《とくぎゅう》」
第五図「牧牛《ぼくぎゅう》」
第六図「騎牛帰家《きぎゅうきか》」
第七図「忘牛存人《ぼうぎゅうそんじん》」
第八図「人牛倶忘《じんぎゅうぐぼう》」
第九図「返本還源《へんぽんかんげん》」
第十図「入鄽垂手《にってんすいしゅ》」

十牛図の中で、最初の「尋牛」。ここが出発点です。「尋牛」の図は、一人の童子《どうじ》が描かれています。道に一人立っています。振り返っています。右の方に振り返っています。はっ、と気付いて振り返っているのです。

何かを、大事な何かを失っていた！　今、気付いた。失っていたことも、気付かなかった。何かを失っているのに、何を失ったのか、わからない。とにかく、何かを失っているのに、今気付いた……。それが「尋牛」という第一図。

第二図からは探《さが》す道のりです。第二図の「見跡」は、牛の足跡《あしあと》を見付けることです。失ったことに気付かないときは、その足跡がそこにあっても気付きません。探し始めて、足跡が見つかるのです。

第三図の「見牛」は、足跡をたどり、さらに探しにゆくと、牛の姿を見ることができたのです。走ってあとを追っかけます。

第四図の「得牛」では、その牛を得ることができます。でも得るのに一苦労《ひとくろう》。なかなかむずかしいです。

第五図の「牧牛」では、その牛を飼うことができます。少しずつ、牛も自分に慣れてきてくれます。

第六図「騎牛帰家」は、牛にのって（騎牛）、家に帰ります。心の平安を得られると、牛を飼い慣らす必要もなくなります。童子は牛にのり、笛を吹いています。

第七図「忘牛存人」は、家に帰って童子がお月様にむかって手を合わせている絵です。牛は描かれていません。牛を忘れ、人だけが存在する絵です。牛のことも忘れています。

第八図の「人牛倶忘」は、何も描かれていません。十牛図は円の中に描かれていますの

で、何も描かれていないと、丸いお月様にも見えます。いろいろな解釈はあるのだと思いますが、私は、第七図「忘牛存人」で童子が手をあわせていたお月様が描かれているような気がします。牛も忘れたけれど、人も忘れた。無に帰するということでしょうか。空ということでしょうか。

第九図の「返本還源」は、梅の絵です。ありのままの姿が心に入ってくる、ということでしょうか。自己も他のものも、何もなく、ただただ、そのままの姿がすーっと心に入ってくる。自然に受け入れることのできる境地。

第十図の「入鄽垂手」は、人が二人描かれます。左側に大きなおなかを出した布袋様のようなお姿。右側には、童子《どうじ》のようなすがた。布袋様は大きな袋を背中にもっています。つぎはぎだらけの袋。右側の童子に何かを渡しています。童子はそれを受け取ったのでしょうか。受け取ろうとしている絵です。この童子、見たことがあります。第一図の「尋牛」の童子にそっくりではありませんか。

つまり、第一図で何かを失っていることに気付いたというのは、第十図の布袋様から何かを受け取ったからだったのです。そして、第十図から、第一図の「尋牛」に戻ります。

今はじめて気付いた、何かを失っていることに……。それは一体なんなのだろう。失っていることに気付いたら、それが何なのか、探さないといけない。と戻ったのです。第十図の「入鄽垂手」とは、鄽に入り、手を垂れるという意味です。鄽とはお店のことです。つまり、日常生活が行われている俗世間ということです。

わたしの家はお店です。この鄽という字にであったとき、うちのことだと思いました。俗世間。蓮の花は泥の中にあって、まったく泥に染まらずに美しい清らかな花を咲かせる。母は、小さい頃から、わたしに、そうあるべきだと繰り返し言い聞かせてくれました。俗に在り、そして俗に染まらず。清らかなところで清らかさを保つのは簡単だというのです。泥にまみれ、しかも泥に染まらない。この方がよほど難しい。

十牛図の童子は、失った何かを探しているうちに、心が清らかになっていったのです。布袋様となり、もう一度、俗世間に戻ってくる。なぜか。まだ、気付いていない人々、童子に、気付かせてあげるためです。戻ってこないといけなかったのです。俗世間の中に。泥の中に。

でも、もう布袋様となって清らかな心になっているので、その泥には染まらない。布袋様は手を垂れています。だらりとしています。力を加えていないすがた。ありのままのすがた。任運自在。

雨ふらば降れ、風ふかば吹けという感じ。あまりに力を抜いているので、安心してそばにいくことができます。そばに近づいて、そして、はっと気付くのです。あぁ、わたしは何かを失っていた。と。

それが十牛図。

平櫛田中《ひらくしでんちゅう》さんは岡山県井原市出身の偉大な彫刻家です。良寛様の像も制作されていて有名な方です。田中さんの彫刻に「尋牛」という題のものがあります。井原市立田中美《いばらしりつでんちゅうび》術館《じゅつかん》にあります。

歩いているすがたです。この像の前に立ったとき、歩いているのは田中さんなの

尋牛
1978年（昭和53年）製作
井原市立田中美術館蔵

だな、と思いました。なかなか到達できない。でも歩く。田中さんはそうやって歩いて来て、そうやってこれからも歩いて行こうと思っておられたのだな、と思ったのです。童子になったり、布袋様になったりして。

人には素晴らしい種がかならずあるのだそうです。ひとりひとりにあるのだそうです。でもそれに気付かない。本来備わっているのに、それを忘れてしまう。分別の世界に陥ってしまうと、ますます遠ざかってしまう。

大切なものが何なのかに気付くことが難しい。病を得てはじめて健康であることの大切さを知る、それと同じで、当たり前にあるときにはそのありがたさに気付かないのです。他人と比べて自分に足りない物ばかりを求めてしまう。自分にとってほんとうに大切な物は目には見えないものです。そして、だれも自分の代わりに見付けてくれる人はいないのです。

童子も牛も自分自身のたとえです。童子は牛を探し求め、飼い慣らしていきます。自分で自分を探して、飼い慣らしていくのです。牛は普段はおとなしいのに、あばれると手がつけられなくなってしまいます。人の心そのものです。時間をかけ、じっくりと取り組んで布袋様になっていく。そののち、鄽《てん》（俗世間）に戻ってくる。鄽は戻ってくる場所なのです。

良寛様の漢詩に「鄽」が出てくるものがあります。「夢中問答」という題の詩です。碑になっています。その碑は、円通寺の山門の入り口にあります。新町や秋葉町を通って麓からぐるーっと歩いて上ってくると、円通寺の看板があります。そのすぐそばにこの碑があります。一見、わかりません。字も難しいです。良寛様の自筆の字なのです。

「鄽」の字など、元の字を知っていても、わかりません。でも、雰囲気が実にやわらかい字なのです。それに、碑の形や大きさがなんとも言えず良いなぁと思います。下から歩いてくると、久しぶりだと、ちょっと息切れします。そんな時に、この碑を見ると、少しほっとします。

この漢詩は「乞食《こつじき》して市鄽《してん》に入《い》り」ではじまります。私はこの漢詩にであったとき、とたんに十牛図を思い出しました。第十図の「入鄽垂手」の「鄽」と同じ字だったからです。この漢詩の中の良寛様は第十図の布袋様なのかしら。そう思うとなんとなくつかめそうな気がします。

托鉢をして街に出る。そこで昔からの知り合いの翁に出会う。その翁は良寛様に問う。「どうしてあんな白雲漂う奥深いところに住んでいるのですか」と。そう問われた良寛様は、「どうしてあなたはこんな俗世間《ぞくせけん》の中に住むのですか」と、問い返すのです。答えようとして、それはなりませんでした。五更《ごこう》の鐘《かね》が鳴ったからです。

それは夢でした。鐘が鳴って夢からさめたのでした。五更とは、夜を五つに分けた五番目の時刻のことです。寅《とら》の刻ともいわれていますので、早朝四時頃のことでしょうか。

鐘が鳴り、夢から覚めたということで「夢中問答《むちゅうもんどう》」という題名です。「夢は五更の鐘に破らる」とか「夢を破る五更の鐘」などと読むことができます。「夢を破る」のが鐘というのは、かっこいいですね。実は円通寺には「夢破」と書いてある掲額《けいがく》があるのです。

円通寺境内の鐘楼の扁額「夢破」(筆者撮)

本堂前にある鐘楼《しょうろう》に掲げられています。一間半四方《いちげんはんしほう》のはかま腰《ごし》の鐘楼です。「夢破」を書いたのは覚巌心梁《かくがんしんりょう》という玉島円通寺の住職だった方です。伊豆《いず》の人で、一八四五年に六十八歳のとき、円通寺の住職になられたようです。良寛様は一七七九年に円通寺に来られましたから、覚巌和尚とは会っていませんね。でも、何か通じるものを感じます。

円通寺の鐘は、今は大きな鐘ですが、戦前は小さな鐘だったそうです。円通寺の現ご住職、仁保哲明《にほてつめい》住職がこの鐘について教えて下さったことがあります。円通寺では、時を知らせる鐘を鳴らします。暁鐘《ぎょうしょう》、昏鼓《こんく》ということばがあるそうです。朝が暁鐘で鐘、夜は昏《こん》鼓《く》で太鼓。

今、円通寺にある鐘は戦前にくらべて大きいのだそうです。昔は、暁鐘と昏鼓《こんく》のために、鐘楼には、鐘と太鼓の両方があったそうで、もともとの鐘は小さかったのだそうです。今は鐘のみが鐘楼にあります。そういうお話を静かにして下さいました。

仁保住職は、とてもおだやかでお優しい笑みをいつもたたえておられます。私は心地よい緊張感を感じながら、いつもお話に耳を傾けています。ご住職はユーモアに富んでおられて、難しい教えのお話もやさしくお話し下さいます。お話にいつも引き込まれてしまうのです。

そして、円通寺の境内には静かな時が流れています。

時折、鳥の声がきこえます。仁保住職のお話を聞いていて、良寛様は修行中、日々、暁鐘《ぎょうしょう》とともにあったのだと思いをはせました。

暁に鳴る鐘の音。朝がやってくるのです。日の昇る、朝が。毎日、日は昇るのに、毎日夜の闇もやってくる。良寛様は、夜、夢を見て、その中で知り合いの翁と問答をする。鐘が鳴り、夢から覚める。あぁ、これは夢だったのかと思う。

夢を破られたから、良寛様はこの翁の問いに答えられなかった。また、翁も良寛様からの問いに答えられなかったのです。良寛様は夢から覚めたあと、しばらく茫然としていたのかもしれません。あれは、どういう夢だったのだろうか…。あの翁は誰だったのか…。知っている人だと思ったが、誰だったか…。

私は、最初にこの漢詩に出会ったとき、良寛様は誰か昔から知っている人と夢で会ったのだと思いました。何度も読み返してみて、「夢は破らる」というのは、何かに気付いたということなのかな、とも思いました。最初の行に戻ってみて、「市鄽《してん》」という字に再び思いをはせました。私は、はっとして、気付いたのでした。

その翁は、良寛様ご自身だったのではないか…、と。

六　如是画《にょぜが》（円通寺蔵の軸）

円通寺蔵の軸　良寛遺墨（筆者撮）

如《にょ》是《ぜ》画《が》
かくのごとき画に
如《にょ》此《是ぜ》讃《さん》
かくのごとく讃ず

ないしょ話はドキドキします。決して人にばらしてはいけません。「誰にも言わないでね」が内緒話《ないしょばなし》。秘密ですね。

わたしは内緒話はずっと覚えていて、決して誰にも言わないようにつとめます。ちょっと疲れている日は、ないしょの話は今日は聞けません、と断ることがあります。ないしょだったかどうか、忘れると大変なことになるからです。

ないしょ。これはもともと仏教の言葉だそうです。「内証《ないしょう》」と書きます。意味は、心の内で悟ることです。思慮分別をこえたところにある真理です。外からは、うかがい知ることができないところから、日本では、秘密を指し、「ないしょ」と言うようになったと言われています。

真理とは何なのでしょうか。私にはわかりません。ただ、「内証」に至るには、思慮分別を越える、とにかく「天に任せる」という境地が必要なのだと思います。良寛様の至られた境地「任運《にんぬん》」ですね。

何も考えない。何も思わない。運を任せる。心を空っぽにする。すべてを任せます、という境地。

そこに至って、初めてあたたかい心が持てるのですね。「任運」という境地。心を空《から》っぽに。何も考えない。心を空《くう》に。心を無《む》に。

心を空にする、これは煩悩だらけの私には、難しいことです。岩の絵が描かれているお軸が円通寺さんにあります。左上のほうに良寛様が讃をつけておられます。これは、良寛様の道友である虎斑和尚（一説に）が描いた石に、良寛様が「如是画　如是讃」と讃を付けたものです。

虎斑和尚は、越後の徳昌寺の住職でした。この絵の石は、「盤石《ばんじゃく》」ではないかといわれています。「盤石」とは、大きな岩石のことです。時間の単位の比喩に用いられます。

仏教では極めて長い時間を「劫」という単位で表します。その「劫」の表し方の一つに、「盤石劫《ばんじゃくこう》」「磨石劫《ませきこう》」というのがあります。

一辺が一由旬《いちゆじゅん》（一説に七キロメートル）の立方体の大岩石（盤石）があり、それを百年に一度、天人がやってきて、衣でさっと払い、それを繰り返して、その盤石が磨滅消滅《まめつしょうめつ》するまでの時間を「一劫」とするのだそうです。

ですから、「劫」は非常に長い時間を表すのです。七キロメートルといえば、玉島港から倉敷駅ぐらいの距離。広いですね。

この絵には、盤石が二つ描かれています。私は「劫」ということばを知った時、盤石というのが、どこかに存在するもので、身近にあるような想像はしませんでした。

どこか清らかな場所で。清らかな岩。一つ、広い岩。だから岩かどうかもわからない。どこか遠いところにあって、目にふれることはない。しーんと静まりかえっているところに、静かに存在する岩。誰にも知られることはない岩。そんなイメージでした。

この絵を見て、盤石ではないかといわれている、と知ったとき、衝撃をうけました。あれっ、イメージと違う。というより、はじめて見たのです。盤石というものを。目にすることはないと思っていたので、びっくりしたのです。

龍とかも想像上の動物ですが、絵によく描かれているので、龍はこんな感じ、と思います。盤石が想像上の岩であれば、やはり絵で見ることになります。でも、絵に描かれる性質のものではないと勝手に決めつけていました。絵に描かれているなんて、と先ずおどろいたのです。

絵に描かれている盤石。はじめて接する盤石です。しかも二つ。盤石は一つかと思っていた…。しかも並んでいる。私の想像と違う。

盤石というのは、ここに一つ。また遠くにはなれた場所にひとつ。また別の場所にひとつ。と、それぞれの岩と岩は独立していて、互いに存在を知ることはない、と想像していました。

ちょっと無機質な感じで。そのあたりのお天気も晴れでもなく、雨でもなく。曇りでもない。まわりには何もなく、清らかな静かな場所。すっとそこに存在する。閑《しず》かにそこに存在する。…私の描いていたそういうイメージと全然違う。

二つ並んでいるとは。きゅっと、くっついて。しかも「土の上にある」ように感じる。それまでは、岩が何の上にあるのか考えもしなかった。まして、土の上、とはまったく想像しなかった。もっと高い高いところの、他に邪魔するものは何もない、整ったところに岩はある、というイメージ。まさか土の上の岩に天人がやってくるとは思いもしなかったのです。

…ここに百年に一度、天人がやってくるのです。天からやってきます。岩に到着するとき、「ここは岩が二つもある」と天人は思うのです。その岩を一撫《ひとな》でするのです。「右から？左から？」と一瞬迷うかもしれません。「じゃ、まず右の岩！」とか言って、右の岩を撫《な》で、「はいっ、じゃ、次は左の岩！」と左の岩も一撫で。想像するとちょっとおかしいですね。流れ作業のような天人様。

二つの岩を撫でたら、「それでは、また百年後に！」と言ってあっという間に帰ってゆく。「えっ？　これだけ？」と思ってはなりません。それが盤石の宿命なのです。百年に一度、一撫でなのです。二つの岩は「あー、また百年後かぁ」とつぶやく。

…勝手に想像してしまいます。あわただしくやって来る天人様を想像し、クスクス笑ってしまいました。しばらくクスクス笑いながら、岩の絵にじーっと見入りました。

この二つの岩は、そのあたりにありそうですね。よく見ると、まわりに草が生えていそうです。山の中の平らなところでしょうか。そこに行き着くまでには草が生えていて、木々があって、そんな雰囲気です。

すごい絵ですね。どこか遠くの、自分とは関係ない場所にありそうな盤石が、少し足をのばしたら出会えそうな雰囲気。うしろを振り返って、あら、これが盤石だったの？　という、普通にある感じ。

この絵は、大切なものは、遠くにあるのではありませんよ。あなたのすぐ近くにあるのですよ。あなたが気付かないだけです。と、教えてくれているようです。こんな近くにあるはずはない、と思っているものが、実は近くにあるのかもしれません。

盤石も。

この前、円通寺白華山山頂にある、良寛様の白い像を見に参りました。手毬を右手に載せたあの像です。

左手に良寛様の像、右手に「霞立つ」の和歌の碑、その間の少し向こうに大きな岩があります。真っ平

円通寺　「童と良寛」像の前の岩（筆者撮）

らではありませんが、舞台のような岩です。四隅に柱が立っています。そして綱《つな》がかかっています。

あの日は雨が降ったあとでした。岩は何箇所か雨が乾いていないところがありました。私は、はっとしました。これは盤石かもしれない。いままで何とも思っていなかった岩が、急に盤石に思えてきました。周りは静寂です。静かにそこに一人たたずみました。見えているようで、見えていないのです。わかっているようで、何もわかっていないのです。私は、ゆっくりとそこにいました。不思議な感覚でした。深呼吸をして、そこをあとにしたのでした。

虎斑和尚が画いた岩の上には、何も描かれていません。良寛様の讃があとに加えられたのであれば、最初、この絵は、岩が二つだけだった、ということです。どちらの岩の上もただ、空間が広がるのみです。この空間は、何でしょうか。外からはうかがい知ることができません。真理がいっぱいにつまっているのでしょうか。その空間に。空《から》っぽ。何も無《な》い。空《くう》であり、無《む》であり。何もないというのは、目に見えないけれどいっぱいあるということです。盤石の上の空間にこそ、何かが描かれているのかもしれません。

良寛様は盤石の左上にただ、「是くの如き画に　是くの如き讃す」と記してあるのです。

七　我《わ》が宿《やど》を（円通寺蔵の軸）

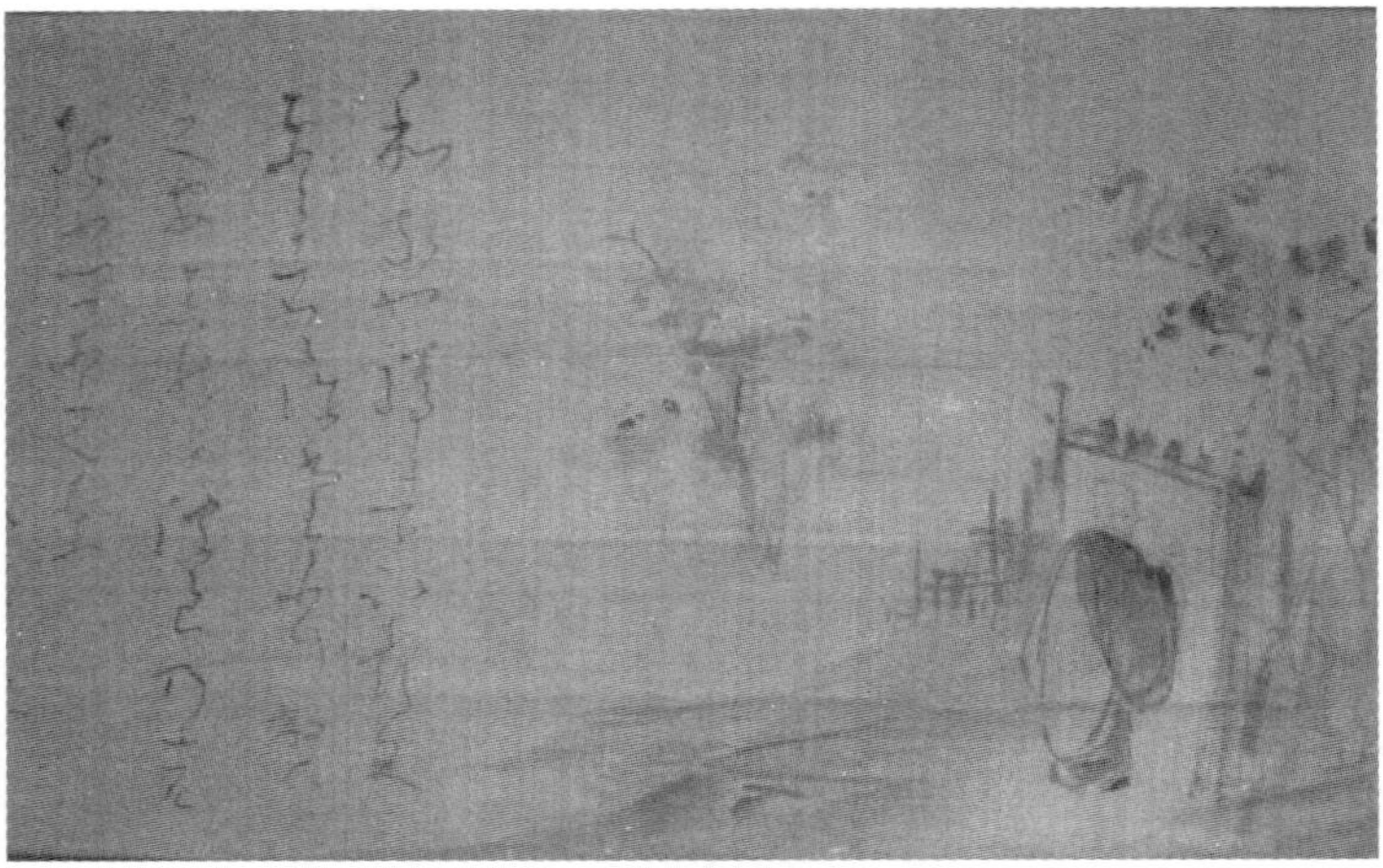

円通寺蔵の軸　良寛遺墨（筆者撮）

和《わ》我《が》也《や》騰《ど》遠《を》　以《い》都《づ》久《く》
東《と》ゝ《と》者《は》ゝ《ば》　許《こ》堂《た》布《ふ》幣《べ》
之《し》　安《あ》眞《ま》能《の》　可《か》波《は》良《ら》乃《の》　者《は》（し）
能《の》　悲《ひ》閑《が》之《し》東《と》

良寛書

我宿《わがやど》を　いづくと問《と》はば　答《こた》ふべし
我が宿を　どちらですか、と問うならば　答えましょう
天《あま》の川原《かはら》の　橋《はし》の東《ひがし》と
天の川原の橋の東です、と。

楽《がく》は虚《きょ》に出《い》づ。

かっこいい言葉ですね。

楽器はさまざまありますが、例えばお琴や尺八は中が空洞です。外からは音色の善し悪しは分からないそうです。音色の善し悪しを決めるのは、外からは見えない、空洞の部分だそうで、空洞のとりかたにより左右されます。とどのつまり、奏でてみないとわからない、ということです。楽器と自分が一体となり、観じてはじめて空洞がわかるのだと思います（私にはよくわかりませんが…）。

楽は虚に出づ、とは虚という何もない空間があるからこそ、音は鳴り響くという意味です。空洞がないと音は響かないのです。何もない、空間。虚の空間。外からは見えないところです。一見役には立たないものが、実は重要であるということです。しかも、そういう無駄とも思えるものが、音を響かせるのです。そこに空間があらねばならないのです。

箏曲演奏家の山路みほ先生は玉島在住です。尺八演奏家のご主人、パヴェルさんはロシアから玉島に来られました。パヴェルさんは玉島円通寺境内の苔がお好きなのだそうです。

そういう方です。

みほ先生はいつもほがらかでお優しい方です。そんなみほ先生は立ち止まった一時期があったそうです。プロとしてずっと先頭を走って来られて、ぱたりと立ち止まってしまったそうです。その苦しみは経験しないとわからないことだと思います。私には想像だにできません。

そのとき、ゆっくりともう一度原点に戻ってみられたそうです。振り返ってみる。もう一度、あの頃を思い出してみる。しばらく止まるということ、それは空洞の時間。どれくらい長い時間だったのでしょう。暗闇の長い長いトンネル。光りは見えてくるのか、見えてこないのか、わからない不安な日々。…考えただけでもこわいことです。

今、先生は輝いて活躍されています。あの空洞の時期があったからこそ、音色が深いのだと思います。そしてきらめいておられます。外からは先生の苦悩はわかりません。けれど、琴の音がそれを響きとして表現しているのです。

不必要と思えるものが、じつはかけがえのない存在。ないと響かない。あるから響く。

遠回りも、あるから響く。不安定さもあるから響く。そんな中、日々を送るのが暮らし。新潟出身の良寛様は玉島に来られました。遠い道のりです。若いころ、玉島で修行をなさるため、円通寺で暮らしておられたのです。玉島の町並みを見下ろせる白華山《はっかさん》で。私は、その玉島に暮らしています。一日一日を、心をこめて暮らせるとほんとうにありがたいです。暮らすというのは、ともかくも、そこに存在するということなのですね。一刻一刻を大切に時を過ごすということですね。

暮らすということばは、生活するという意味や、日が暮れるまでの時間を過ごす、という意味があります。日が暮れる、と暮らすは同じ漢字を書きます。
良寛様の「霞立つ　長き春日を　子供らと　手毬つきつつ　この日暮らしつ」の和歌にふれたとき、「暮らしつ」の意味に思いをはせました。それまでは「暮らしつ」の意味をぼんやりとしか思っていなかったのです。なんとなく春のお昼すぎ、手毬をつく。そんな日々。ということで、「暮らしつ」と読まれているのかな、と思っておりました。「暮らしつ」の「暮らす」を生活する、という意味に解しておりました。でも、「暮らしつ」の「暮らす」を日が暮れる、と解すると、少し違うニュアンスになります。

ある日、手毬をついていたら、いつの間にか夕方になっていた。「暮らしつ」が、日が暮れていた、という意味だとすると、一日のうちの時間の移ろいを感じることばになります。あぼーっと、そういう春の日々を思い出して和歌になさったのかと思っていたのですが、ある日、はっと気付いたら日が暮れていた、という昨日のような近い日に詠んだような印象に変わりました。暮らすとは、ずーっと永遠にそこにいるイメージがあるのですが、実は一日一日のつみかさねなのですね。

なんとなくそんな春の日々、ではなくある日の春の一日。ある日の一日が毎日繰り返される。はっと気付いたら日が暮れる。「日が暮れる」ことを繰り返すのが、「暮らす」。ある日の一日は、暗くなっていくのですね。毎日暗くなってゆくのです。暗くなってゆくから、心はせつなくなってゆくのです。

私も夕方は気分が滅入ったり、落ち込んだりします。毎日毎日落ち込みます。良寛様も夕方には落ち込んだり、せつなくなったり、なさったのでしょうか。修行をなさって強靭な心を鍛えておられた良寛様。だから、人の心が自分の心のようになった良寛様。人の悲しみに寄り添う良寛様。だからこそ、人の心に寄り添うと、あまりにも悲しいことが多すぎて。良寛様はせつなく毎日を暮らしておられたのだと思います。

良寛様には「みか」という名前の妹さんがおられたそうです。円通寺本堂で良寛様自筆のお軸を拝見させていただいたとき、もっとも私の目をひいたのは、このみかさんが描いたという絵のお軸です。とてもせつない背中が描かれています。描いたのが妹さんだと知り、「あぁ、まことに女性の感性だなぁ」としみじみ見入りました。

描かれているのは良寛様の後ろ姿なのでしょうか。せつなさが、すこしあたたかい。さみしそうな背中なのに、すこしあたたかいのです。夕方、自分の暮らす場所に帰って行っているような姿。背中を見送っているのは、みかさんなのでしょうか。良寛様の帰って行かれる庵が絵の奥にあるのでしょうか。柴の門をくぐって行かれるようです。絵をじーっと見ていると、だんだんと上に上がっていく感じがします。

山の中腹にある庵のような雰囲気です。木が手前にも向こうにも描かれています。右に行けば行くほど木々の墨の色が濃くなっています。奥に行けば行くほど、緑が濃いのですね。描かれていない奥は、木々が鬱蒼としている感じです。そういう中で暮らしている。良寛様の左奥に一本の木が描かれています。その木の雰囲気がわたしは好きです。やわらかくて、すこし奥行きがあって。ものすごい奥行きではなく、すこしの奥行き。この加減が女性の感性を感じさせます。向こう過ぎない。その木が絵のほぼ中央に画かれています。

良寛様は左から歩いて来られて、右へ右へ移動されていますね。中央の木を過ぎて門の戸口に来ています。見送った人は、「あぁ、今日も無事に庵に帰ってゆかれたな」と安堵しているような感じがします。その安堵した雰囲気がこの絵からは感じられるのです。

もしかして、実際には見送っていないのかもしれません。良寛様が柴の戸口にたどり着いているのを目では見ていない。「それじゃあ、また」と言って帰って行くお兄ちゃんを、妹のみかさんは心の中で見送っている。今頃は、あの柴の戸口まで帰っているころかしら。と思いながら、夕暮れの空を見上げる。また元気な姿で会いにきてくれる。そう信じよう。と、せつなくも、あたたかい気持ちで見送っていたのではないでしょうか。

そういう心の中の映像が絵になった、そんな印象があるのです。人里離れた感じですね。そして、清らかな感じです。

絵の左に良寛様は、和歌を一首書いておられます。「我宿を　いづくと問はば　答ふべし　天の川原の　橋の東と」どこで暮らしているのかを問われたので、「天の川原の　橋の東ですよ」と答えましょう、という意味です。これは飯塚久利の『橘物語』に載る、良寛様の歌としても伝えられる一首。

前書《まえが》きに「与板《よいた》といふ処《ところ》に行《い》きて　人《ひと》の許《もと》を　訪《と》ひまかりしかば、この程《ほど》は　いづこにかおはす　といひたりけるに」とある。

「与板というところに行って、ある人のところへ訪問しましたら、このごろはどこにおられるのですか、と言うので」という前書きです。前書きでは歌を詠んだ理由などが説明されます。

『橘物語』とは、良寛様の没後十二年にして最も早い時期に描かれた伝記物語です。その物語にこの和歌が載るのです。与板の知人を訪ねたときに「今どこに暮らしているのか」と尋ねられたと物語にあるのです。この物語ではこの訪問は七夕の季節ということなので、「天の川原の橋」は「天の川の鵲《かささぎ》の渡せる橋」ということになりましょう。

「天の川　渡せる橋に　置く霜の　白きを見れば　夜ぞふけにける」という歌の「橋」です。

この和歌は「百人一首」にもとられている歌なのでよく知られています。「百人一首」第六番目の歌です。作者は大伴家持ですね。天の川を渡れるように鵲という鳥が羽を広げて橋になる。とてもロマンチックな歌ですね。実際にはあり得ませんけれど。星空を見上げていると、鵲が羽を広げているのかもしれない、と思わせる何かがあります。古代の言い伝えは何か、ものすごい力を感じます。

七月七日の七夕伝説。それにちなんで良寛様は私の暮らしているのは、天の川の橋の東ですよ、と答えようとされているのですね。

「天の川原」を詠み込んだ和歌に、在原業平の一首があります。『伊勢物語』第八十二段「渚の院」にでてくる歌です。八十二段「渚の院」は、桜の季節の物語です。

惟喬親王《これたかしんのう》と申し上げる親王がおられました。毎年、桜の花盛りの頃には水無瀬《みなせ》というところにある宮にお出かけになっていました。そのお出かけにはいつも右馬頭《うまのかみ》であった人と一緒でした。他にも従者がいます。狩りをしに出掛けたのでした。ある桜の木の下に馬から下りて、桜の枝を折って髪飾りにしたりして、みな歌を詠みました。右馬頭だった人が詠んだ歌、

世の中に　絶えて桜の　なかりせば　春の心は　のどけからまし

「世の中にまったく桜がなかったとしたら、春の心はのどかであったことでしょう」という意味の歌です。桜があるから、散る姿を思い、のどかではいられない。満開の桜をみると、なぜか散ることを思ってしまうのですね。だからのどかではいられない。

……この和歌は在原業平の有名な歌ですね。つまり、右馬頭だった人、というのは在原業平だったのです。在原業平が右馬頭になったのは、八六五年、四十一歳。だいたい四十一歳から四十五歳くらいまでが右馬頭です。

八十二段「渚の院」の話がいつのことかはわからないので、業平が何歳だったのかもわ

かりませんが、今の私が四十二歳です。もうこんな和歌が詠めないといけない年頃なのですね。こんなすごい和歌、とても詠めません。
八十二段はさらに続きます。和歌を詠み合っているうちに、日が暮れてしまいます。ちょうど、「天野川《あまのがわ》」というところに行き着きます。大坂府枚方市なのだそうです。その名前にちなんで、惟喬親王から「天の川のほとりに行き着いた」ことを題にして歌を詠むように言われます。右馬頭（在原業平）は詠みます。

狩り暮らし　七夕つめに　宿からむ　天の川原に　我は来にけり

「狩りをしていて日が暮れてしまった。今夜は織姫に宿を借りることにしましょう、天の川の河原にわたしは来たのですから」という意味です。あるお供の人（紀有常《きのありつね》）が返歌をします。

ひととせに　ひとたび来ます　君待てば　宿かす人も　あらじとぞ思ふ

「（織姫は）一年に一度やって来る人（彦星）を待っているので、あなたに宿を貸す人はいないと思いますよ（あなたは彦星ではないので）」という一首です。とても風流な場面です。でも、実はこの惟喬親王と在原業平はどちらも不遇をかこった人物です。

惟喬親王は、文徳天皇の親王ですが、皇太子になる予定だったのに、結局なれませんでした。病を得て若くして出家しています。二十八歳のときでした。在原業平も祖父が天皇であったにもかかわらず、父が親王であったため、やはり不遇な境遇にありました。惟喬親王も業平もともに悔しい思いをしながら、どうすることもできない現実を受け入れて一生を過ごします。自分は必要のない存在なのではないか、そう思って暮していたのです。そう思って桜の和歌にもう一度触れると、違う感慨が生まれます。

世の中に　絶えて桜の　なかりせば　春の心は　のどけからまし

業平はのどかな心ではいられないくらい、桜の花のうつくしさにひかれたのです。悲しみを抱えていたから、虚無の心を持っていたから、桜の花のうつくしさが心の奥まで響いてきたのです。桜を詠んだあと、天の川のあの一首を詠む。出掛けてきた道のりを思い、天の川で詠む。

狩り暮らし　七夕つめに　宿からむ　天の川原に　我は来にけり

風流な歌ですが、少しせつない感じもします。やはり、「狩り暮らし」と「暮らす」が詠み込まれているからだろうと思います。「暮らす」は「日が暮れる」ことです。だんだんせつなくなってくる時刻。天の川だから、織姫に向けて詠んだ歌。ここにはいない織姫に向けて詠んでいます。

でも、とにかくわたしは「天の川原」に来た、と詠むのです。良寛様の歌は「我宿をいづくと問はば　答ふべし　天の川原の　橋の東と」。良寛様は天の川原に帰って行きます。この良寛様の和歌に触れたとき、「天の川原」ということばが心に響きました。「天の川原」ということばに向き合いたくなりました。そうすると、柿本人麻呂の長歌にたどりついたのです。『万葉集』巻第二・一六七番、柿本人麻呂の長歌に、

天地《あめつち》の
初《はじ》めの時《とき》の
我が宿を

ひさかたの
天《あま》の河原《かはら》に
八百万《やほよろづ》
千万神《ちよろづかみ》の
神集《かむつど》ひ
…

とあります。「天《あま》の川原《かわら》」とは、高天原《たかまがはら》にあるといわれる「天《あま》の安《やす》の河原《かわら》」のこと。天上で重要な問題が起きた時にすべての神々が集まり会議をする場であり、「逆言《およづれ》」（人を惑わす言葉）を元に戻す力のある川でもある。「天照大御神《あまてらすおおみかみ》」は、弟である「須佐之男命《すさのおのみこと》」の乱暴に怒って岩屋の奥に隠れてしまうと、世は闇に閉ざされてしまう。困った「八百万」の神々は、天照大御神《あまてらすおおみかみ》に岩戸より出てもらう為に「天安河原《あまのやすのかわら》」に集まって相談し、岩屋の前で宴会を開く。天照大御神はにぎやかな宴会をのぞき見したところ、岩を開けられ、再び光が戻ったという「天《あま》の岩戸《いわと》」の話が『古事記《こじき》』に載る。この伝説の中では、「天の川原」は、人を惑わす言葉を元に戻す力のある川として登場します。

良寛様の歌にある「天の川原」がどこを指すのかはわかりません。もし良寛様が『万葉集』にある「天の川原」を思い浮かべていたとすると、元に戻す力のある川として、良寛様は「天の川原」を詠み込んだのかもしれません。

八

憶《おも》ふ　円通《えんつう》に在《あ》りし時《とき》（円通寺詩碑）

円通寺句碑（筆者撮）

憶ふ 円通に在りし時

憶在圓通時　常歎吾道孤
搬薪憶龐公　踏堆思老盧　入室非
敢後　朝参常先徒　一自従散席　悠々
三十年　山海隔中洲　消息無人傳　感（恩）
終有涙　寄之水潺湲

良寛書

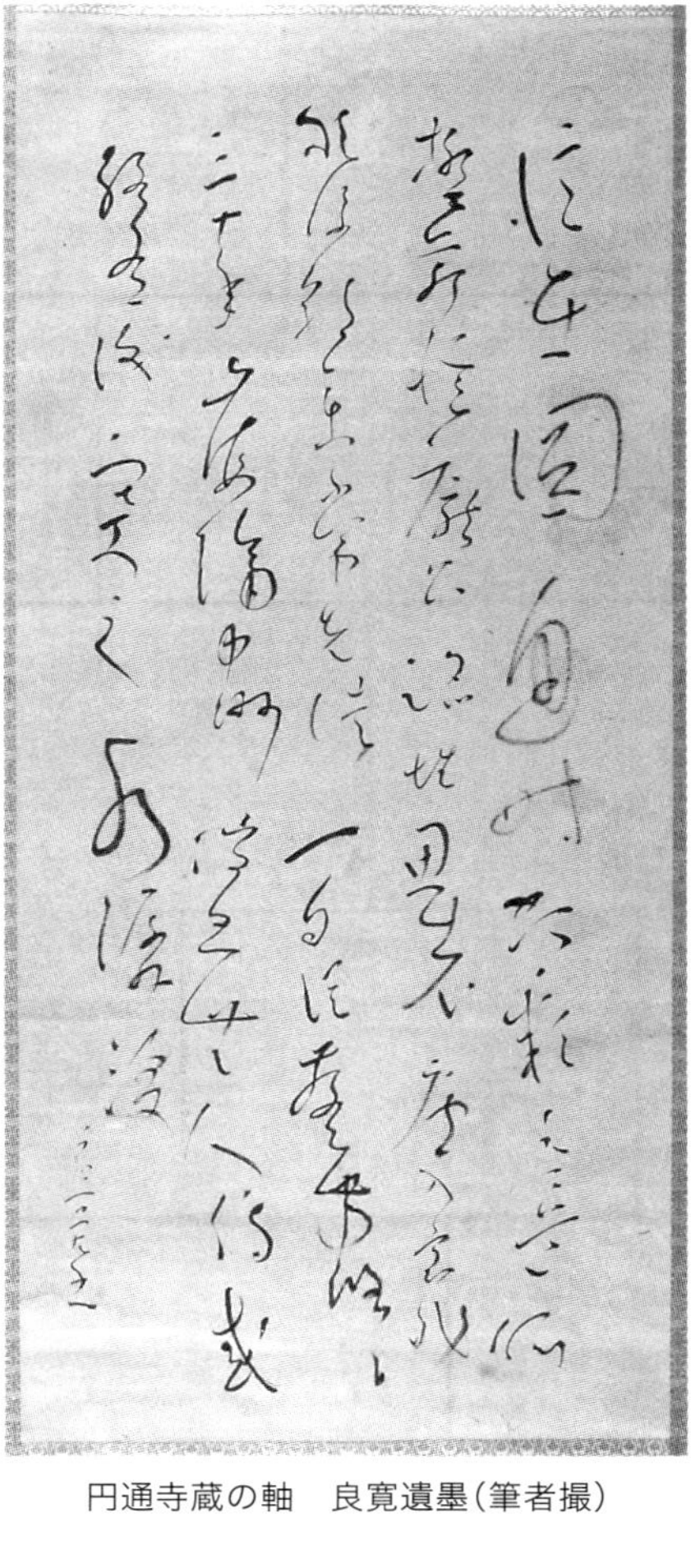

円通寺蔵の軸　良寛遺墨（筆者撮）

憶《おも》ふ円通《ゑんつう》に在《あ》りし時《とき》、常《つね》に吾《わ》が道《みち》の孤《こ》なるを歎《なげ》きしを。

円通寺にあったときのことを思い出す。いつも我が修行の道の孤独であるのを嘆いていたことを。

薪《たきぎ》を搬《はこ》びては龐公《はうこう》を憶《おも》ひ、碓《うす》を踏《ふ》んでは老盧《らうろ》を思《おも》ふ。

薪を運んでは、龐公のことを思い、碓を踏んでは老盧のことを思ったものだった。

入室《にっしつ》敢《あ》へて後《おく》るるに非《あら》ず、朝参《てうさん》常《つね》に徒《と》に先《さき》んず。

師の室に入って問答をするときも、決して誰にもおくれをとらず、朝の坐禅には他の門徒に先んじた。

一《ひと》たび席《せき》を散《さん》じて自《よ》従り、悠々《いういう》三十年《さんじふねん》。

ひとたび円通寺を去ってから、はるか三十年が経った。

山海中洲《さんかいちゅうしう》を隔《へだ》て、消息人《せうそこひと》の伝《つた》ふる無《な》し。

ここ越後と備中では、遠く山海、中洲を隔てているので、円通寺がその後どうなったか、誰も消息を知らせてはくれない。

恩《をん》に感《かん》じ終《つひ》に涙《なみだ》有《あ》り。之《これ》を寄《よ》す水《みづ》の潺湲《せんかん》たるに。

しかし、国仙和尚の御恩を思うと、ついに涙があふれるのである。さらさら音をたてて流れる水に、この涙を寄せることにしよう。

きれいな飲料水の水一杯が目の前にある。これは、ほんとうにありがたい。ふとした日常のなかで、目の前の水一杯に感謝することがしょっちゅうあるのです。

「しょっちゅう」ということばは、仏教のことばだといわれています。「初中後《しょちゅうご》」や「初《しょ》中終《ちゅうしゅう》」からきているそうです。「初中」が変化してきて「しょっしゅう」と使われるようになったらしいです。もとはすごいことばなので、私が軽々しく使ってはいけないのかもしれないですが、しょっちゅう使ってしまいます。

お釈迦様が説教のときに、「初めも善く、中ほども善く、終わりも善くあれ」とおっしゃったのが「初中終」。『法華経《ほけきょう》』序品第一《じょほんだいいち》には、「説《と》きたもうところの法、初中後　善《ぜん》なり」とある。これは、「如来が説く法（正しい教え）は、初めも中も後もすべて優れていた」ということです。「初中終」も「初中後」もすばらしい意味なのですね。

どちらも初めから終わりまで、という意味なので、ずーっと、という感覚になり「しょちゅう」が「しょっちゅう」と音変化《おんへんか》して、「いつも」とか「始終《しじゅう》」の意味に使われるようになったのでしょう。「しょっちゅう」は、普段でもしょっちゅう使ってしまいます。

「初めから終わりまで良い」という意味の言葉からきているのであれば、感謝の気持ちをもつときに「しょっちゅう」をつかうのはよいことかもしれませんね。良いことを願う言葉にも通じます。

良寛様も昔を思い出しては国仙和尚《こくせんおしょう》に涙を流すことがしょっちゅうあったのかもしれません。国仙和尚を思い出し、涙を流すという漢詩を作っておられます。円通寺境内に詩碑《しひ》となっています。良寛堂の前に建っています。「良寛堂の前に」と言うと、たいていの方が、「え？　そんなところにありました？」とおっしゃいます。わたしも以前、そう思いました。

あらためて良寛堂へ行ってみてみると、「あぁ、この碑なら、何度も見てるわぁ」とちょっと悔しい感じがします。よく通る場所です。その碑は本堂と良寛堂の間にあります。本堂と良寛堂の間の道はよく通る道です。とくに四月の良寛茶会のときはほんとうに大勢の方々がその道を通られます。良寛茶会の日は私も一日に何度か通ります。いろんな方がそこを通ります。でも、その詩碑に気付く人はほとんどおられないかもしれません。まして、読む人はもっとおられないかもしれません。

普段は誰も通らない道で、ひっそりと建っている碑とは違い、良寛堂の前にあるのです。そのすぐそばに、有名な良寛様の立ち姿の像があります。

そちらにどうしても目がいきます。その像は見たことのある方は多いと思います。どこにあるか、説明できると思います。「本堂のそばです、行けばすぐわかりますよ。」と。

でも、「憶《おも》ふ　円通《えんつう》に在《あ》りし時《とき》」の漢詩の詩碑はどこですか？　と尋ねられると、ちょっと私は戸惑います。どこだったかしら、と思います。

良寛堂の前です。すごい詩碑が良寛堂の前にあるのです。あらためて素晴らしいことだな、と思います。ただ、やはり漢詩はむずかしいです。

良寛様は玉島で国仙和尚のもと、修行をなさいました。修行を終えて、諸国行脚《しょこくあんぎゃ》ののち、

円通寺境内　良寛像(筆者撮)

故郷の新潟へ帰られました。この漢詩は帰郷したのち、五合庵時代《ごごうあんじだい》に編まれたものです。この漢詩にであって最初に思ったのは、「長い漢詩だな」ということでした。しかも難しそう……。

この漢詩に向き合いまして、本当に難しかったです。最もよく知られている良寛様の漢詩の中の一つですね。

「憶《おも》ふ円通《えんつう》に在《あ》りし時《とき》、常《つね》に吾《わ》が道《みち》の孤《こ》なるを歎《なげ》きしを」ではじまります。

「円通寺に居たときのことを思い出す、いつも我が修行の道の孤独であるのを嘆いていたことを」という意味です。

円通寺の良寛様はいつも孤独だったのですね。しかも嘆くほどだった。何十年も経て、そのように詠まれています。玉島の思い出は、孤独だった日々。嘆いていた日々。

風光明媚な玉島の町並みを白華山から眺めて、やはり、心は故郷に向かっていたのかもしれませんね。遠い道のりをやって来ているのですから。当時、まわりには良寛様の素晴らしさが理解できる人があまりいなかったのだと思います。若い時から、自分に厳しく、清らかな心を持っていた良寛様。慈悲深い良寛様。そういう人をすごい人物だと理解できる人は、なかなかいないと思います。愚に見えるからです。

十牛図の第十図「入鄽垂手」に描かれる布袋様も、どこか愚に見えます。ほんとうにすごい人物はかえって愚に見えるのです。人から見ると、わたしも愚に見えると思いますが、……わたしの場合は、本当に愚です。その差は非常に大きいです。

日常生活の中でも、修行中でも、まわりに自分を理解してくれる人がいないと、ほんとうに孤独です。まわりには、わたしのことを理解しようとしてくれる人が一人もいない。優しく見守ってくれる人が一人もいない。そう思ってしまいます。


相手が自分をどう思っているか、それは合わせ鏡なのだと聞いたことがあります。自分の心で思ったことを、そのまま相手に見てしまう。自分が殺気立っているゆえに相手にその殺気を感じてしまう。やはり、敵なのかしら……。

あるとき、ある有名な剣術家の逸話を知ったとき、ほんとうにおどろいたことがあります。ある村を歩いていたとき、すぐそこの畑で鍬《くわ》をふるっていた人がいたそうです。その人は一生懸命、今日中にすませようとして鍬をふるって耕していたということです。しかし、その剣術家は鍬をふるう男性がこちらのすきをうかがっていて、今にも自分を襲いかかろうとしているのではないかと、身構えました。鍬をふるう男性の、ものすごい殺気。ただ者では無い……。他にも誰かいるのかもしれない。何も気付かないふりで、通り過ぎよう。そう思い、平静をよそおってその横を通り過ぎようとします。その男性が鍬を振り上げた瞬間、その剣術家は、ダッと飛んでよけます。

……しかし、その男性は鍬をまた足元の土に入れたではありませんか。そして、また鍬を振り上げる。また土に入れる。その剣術家は、その男性は自分に対して殺気立っている、と勘違いしただけだったのでした。

つまり、剣術家自身の殺気を相手に勝手に見てしまったのです。畑仕事をしている男性は剣術家である自分に対しては何も思っていなかった。ただ、足元の土を懸命に耕していただけだったのです。そのことがあって、剣術家は大いに恥じます。

そして、冷静な心でもって、人に相対することを学んだというのです。わたしにも、そんな日々があったように思います。そんな風にだれも冷たい心で私と対してはおられないのに、私は冷たい、と思うことが多かったのです。人様に見た冷たさは自分自身の心の中の冷たさでした。だから、渡る世間に鬼は無し、と聞いてもあまり信じられませんでした。それが、時間をかけて、だんだんと人様のあたたかさを感じるようになりました。いっぱい優しい人はいて、理解しようとしてくださっている人はたくさんおられたのでした。ただ、気付かないだけでした。

けれど、今思えば、気付かなかったからこそ、わたしはわたしなりに頑張ってこられたような気もするのです。

良寛様は若い頃から、深く修行をなさっておられました。その素晴らしさは人には伝わらなかったのかもしれませんし、自分を理解しようとしてくれていた人がいたのに、それに気付かなかっただけなのかもしれません。とにかく、玉島円通寺では、若き日の良寛様は孤独だったのです。そんな中、自分を鼓舞してくれる存在をいつも心に持ち続けたことを漢詩に詠み込んでいます。

「薪《たきぎ》を搬《はこ》びては龐公《はうこう》を憶《おも》ひ、碓《うす》を踏《ふ》んでは老盧《らうろ》を思《おも》ふ」

「薪を運んでは、龐公のことを思い、碓を踏んでは老盧のことを思ったものだった」という意味です。

ここでは二人の人物を挙げています。龐公と老盧です。難しい名前ですね。どちらも中国の昔の方です。

龐公（?～八〇八年）というのは、龐居士《ほうこじ》、又は龐蘊居士《ほうおんこじ》と呼ばれた、中国、唐の時代の仏教者です。馬祖道一《ばそどういつ》（七〇九年～七八八年）という人の弟子で、印可を得るも、出家しませんでした。

いつも柴運びをしていたとも、また、竹ざるを作って生計をたてていたともいわれます。僧にはならず、在家のまま修行して一生を終えたといわれています。なんだか、良寛様に重なりますね。良寛様は修行中、薪を運んでは、柴運びをしていたという龐公を心に思い浮かべていたのです。自分自身を龐公になぞらえていたのですね。そうすることで、いつかきっと、この修行の先には龐公が得た境地に近づくことができる、と自分を鼓舞していたのだと思います。

若い頃、何もできていない自分を知ると、どうしても不安になります。今も不安は変わりませんが、若い時分の不安はまた性質の違うものでした。そんな時、理想とする人物を心に思い描くと不思議と不安も少しだけやすらぎました。まさか、理想とする人物のようにはなれないけれど、近づくことは出来るのではないか。

良寛様にとって、薪を運ぶときには、それが龐公だったのですね。また碓を踏むときは老盧《ろうろ》だったのですね。老盧とは六祖慧能《えのう》（六三八年～七一三年）のことです。中国南宗禅《なんしゅうぜん》の第六祖《だいろくそ》。「本来無一物《ほんらいむいちぶつ》」を言った人物。これは有名な話ですね。

五祖弘忍《ぐにん》が跡継ぎを決めるのに、偈《げ》（漢詩）を弟子たちに求めます。エリートの神秀《じんしゅう》が示した偈が次の四行です。

身《み》は是《こ》れ菩提樹《ぼだいじゅ》
心《こころ》は明鏡台《めいきょうだい》の如《ごと》し
時時《じじ》に勤《つと》めて払拭《ふっしき》し
塵埃《じんあい》を惹《ひ》かしむること莫《なか》れ

「身はこれ菩提樹（悟りを宿す木）です

心は曇りのない明鏡の台のようです
常に曇らないように拭き清め、
埃がないようにつとめなければならない」

という意味です。これに対して老盧は次のように示しました。

菩提《ぼだい》　本《もと》　樹《き》　無《な》く
明鏡《めいきょう》も　亦《また》　台《だい》に非《あら》ず
本来《ほんらい》無《む》一物《いちぶつ》
何《いず》れの処《ところ》にか塵埃《じんあい》を惹《ひ》かんや

「菩提には　もともと　樹などない
明鏡もまた台でもない
本来何も無いのだ

何もないのにいったいどこにほこりをひくというのか」

という意味です。これにより、五祖弘忍《ぐにん》は、老盧を後継者として正法をさずけたといわれています。個人的には神秀の「時時に勤めて払拭す」も好きなのですが、最初に老盧の「本来無一物」を知ったときは、体に衝撃が走ったのを覚えています。

老盧は貧しい出だったので文字が読めなかったのは有名な話です。行者《あんじゃ》として寺の米つきに従事していたということです。行者とは、禅宗において、僧侶のように出家をせず、俗人のまま、米つきや薪ひろいなどの寺の雑務を行う労働者のことをいいます。老盧は文字が読めないために、五祖弘忍のもと、盧行者としてひたすら米をついていたのでした。

そんな中、「本来無一物《ほんらいむいちぶつ》」の偈を示し、六祖慧能《ろくそえのう》となった人物でした。良寛様は、円通寺での修行中、碓を踏むとき、この老盧（六祖慧能）を自らに重ね、頑張っていたのです。

「無一物」を詠み込んだ良寛様の漢詩があります。円通寺鐘楼の隣に大通寺《だいつうじ》（矢掛《やかげ》）の柴《しば》口成浩《ぐちじょうこう》住職の筆による角塔婆《かくとうば》があり、四面の中の一面にその漢詩が記されています。

「裙子《くんす》　褊杉《へんさん》　破《やぶれ》　如煙《けむりのごとし》　又知《またしる》　嚢中《のうちゅう》　無一物《むいちぶつ》」とあります。

円通寺本堂前の角塔婆（筆者撮）

裙　子　褊　杉　破　如　煙　又　知　嚢　中　無　一　物

裙子《くんす》褊杉《へんさん》破《やぶ》れ煙《けむり》の如《ごと》し
裙子も褊杉も破れてしまい、煙のように薄い。

又知《またし》る嚢中《のうちゅう》　無一物《むいちぶつ》
そして又、知るのである、嚢の中は無一物であることを。

円通寺鐘楼隣角柱　良寛様漢詩

良寛様は身に付ける法衣をあるがままに着、あるがままに過ごしています。裙子は僧が腰にまとう袴で、褊杉は肩からまとう上着のことです。やがてそれらの法衣は破れ、あたかも煙のようにむこうが透けてみえるほど薄くなってしまいます。そしてまた、知るのです。

ふくろの中は「無一物」であることを。良寛様は身に付けているものはぼろぼろです。その上、持っているものとて何もないのです。融通無碍《ゆうずうむげ》ですね。その漢詩の上には、「成所《じょうしょ》作智《さち》」と記されているのです。

これは「四智《しち》」のひとつです。じつはこの角塔婆、四面のそれぞれに「四智」が記されています。

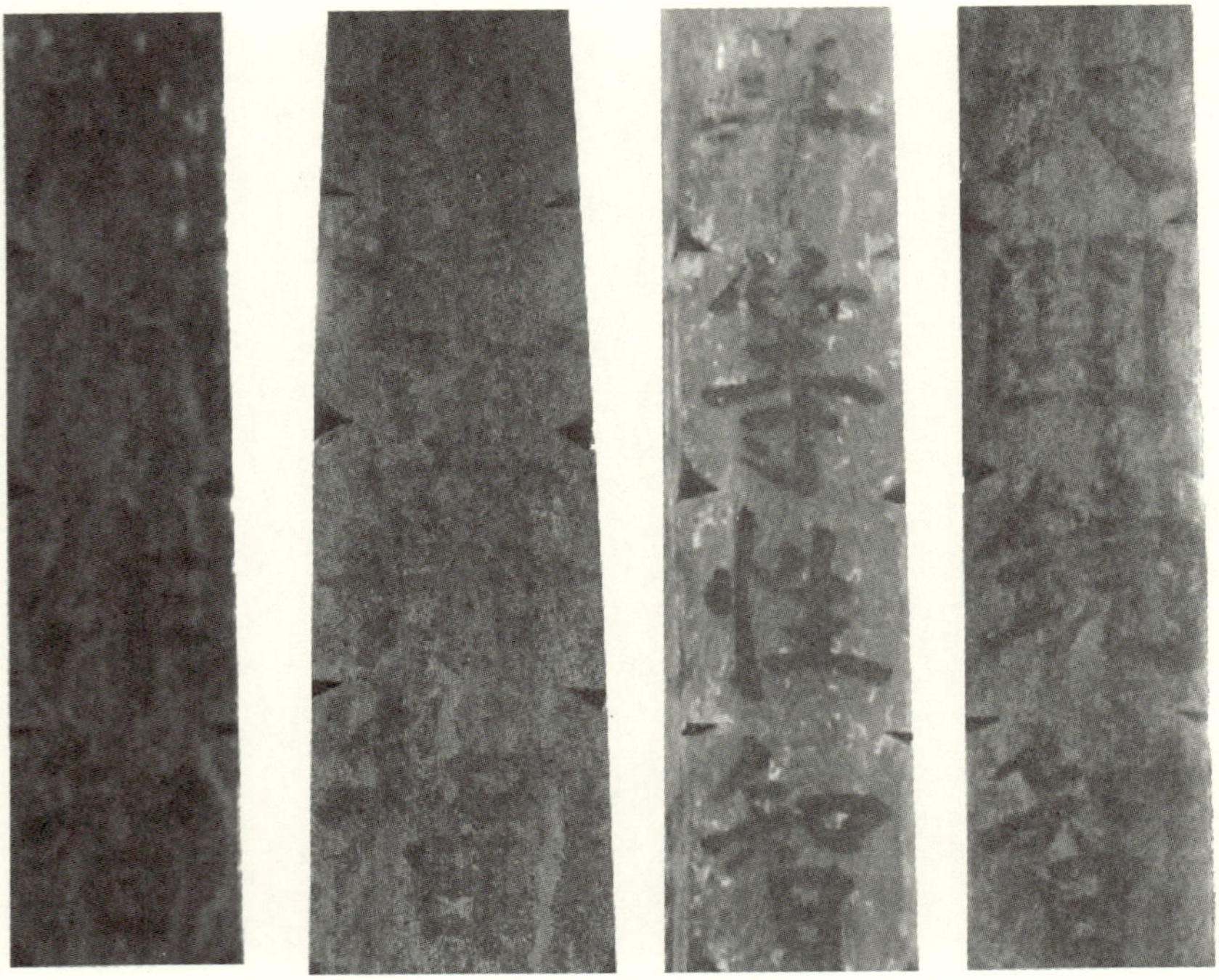

円通寺本堂前の角塔婆（筆者撮）

大《だい》圓《ゑん》鏡《きやう》智《ち》

平《びよう》等《どう》性《しやう》智《ち》

妙《めう》観《くわん》察《ざっ》智《ち》

成《じよう》所《しよ》作《さ》智《ち》

「四智《しち》」とは、「大圓鏡智《だいえんきょうち》」、「平等性智《びょうどうしょうち》」、「妙観察智《みょうかんざっち》」、「成所作智《じょうしょさち》」の四つです。本堂を背にして角塔婆にむかうと、「大圓鏡智」が見えます。それぞれに意味があります。

「大円鏡智」は、曇っていない鏡のようにあらゆるものをうつしだす智慧《ちえ》のことで、ありのままの姿をあるがままに素直に観じることとです。例えば、大きな丸い器があるとします。そこに満々と水をたたえますと、平らかな水の面にあらゆるものがそのままの姿でうつります。そこへ、鳥が一羽やって来るとします。水には鳥のすがたがそのままうつります。それが大円鏡智。

「平等性智」は、自分も他の存在もすべてが平等であることを観じる智慧のことで、生きとし生けるもの、木や草花など自然もすべてが同一であることを観じ、自分と一体化することです。例えば、水にうつった鳥が鳴いたとします。自分の耳には鳥の鳴き声が届きます。あぁ、鳥には命があり、鳴くことができる、わたしと同じだと思うわけです。これが平等性智。

「妙観察智」は、差別の心から離れ、ありとあらゆるものが平等であることを観じて、すべてのものにはそれぞれの働きがあることを観じる智慧です。例えば、鳴いた鳥の声を聴くと、自分の心が朗らかになります。鳥にはわたしの心をほがらかにしてくれる力があるのだと知る心が妙観察智。

「成所作智」は、あらゆるもの、それぞれの自然の働きを知り、その働きに添い、そして為してゆくことです。例えば、鳥の声を聴き、自分の心がほがらかになりますと、鳥の力を知ります。そして、鳥の声にさらに耳を傾けます。

もう一度鳴いてくれますと、その鳴き声が今までと変わって聴こえてくるのです。もし、今日がわたしの人生さいごの日だったとしたら……。明日にはもうこの世にいないのだとしたら……。もう、この鳥の姿を見ることも、鳴き声を聴くこともできない。

そう思って耳を傾けてみる。なんと美しい声なのだろう。皆に一様《いちよう》にきこえる声なのに、今までも何度も耳にした声なのに。まるで違う声にきこえる。これはお釈迦様のお声かもしれない。つながっている。今これ渾身《こんしん》。

そう、鳥は今これ渾身の力で鳴いているのです。だから、その鳴き声は尊く、美しい。それがわかった今は、わたしも今これ渾身の力でもって耳を傾けるべきなのです。そして、心がふるえ、涙が出る。

それが成所作智。鳥は「四智《しち》」を内に秘めるからこそ美しく鳴くのでした。わたしよりずっと先に、最初からその心をもっている。でも、わたしはそれに気付かなかったのです。母は、お茶の点前《てまえ》の目指す到達点を「四智円明《しちえんみょう》」の姿と、私に言い続けています。「四智円明」の点前に近づくために、日々あらたに今これ渾身です。

良寛様も龐公《ほうこう》や老盧《ろうろ》の境地に近づくために、日々、今これ渾身の力をもって修行をなさっておられたのだろうと思います。そんな修行から、三十年も経った今、ここ越後と備中玉島では、遠く隔たっているので、自分が去った後、円通寺がどうなったのか、知らせてくれるものは誰もない。

けれど、そんな修行をさせてくださった国仙和尚の御恩を思うと、ついに涙があふれるのである。この漢詩は、「さらさら音をたてて流れる水にこの涙を寄せることにしよう」で結ばれています。

清らかな水。さらさら流れる水。浄化のために流す自分の涙を流そうと思う、清らかな水。得がたい水です。良寛様は三十年も前のことに思いをはせます。孤独な修行を思い起こし、長い年月、さまざまなことが去来する。そして、気付くのです。

今の自分があるのはあの円通寺での修行の日々のおかげであったのだ、と。日々是好日。にちにちこれこうにち。孤独で厳しき日々も好き日《よ》であったのだと。良寛様は静かに涙を流す。その涙をさらさらと音をたてるこの流れに流すとしよう。と清らかな境地で締めくくっておられるのです。

九　秋日和《あきびより》　千羽雀《せんばすずめ》の　羽音《はおと》かな（円通寺蔵の軸）

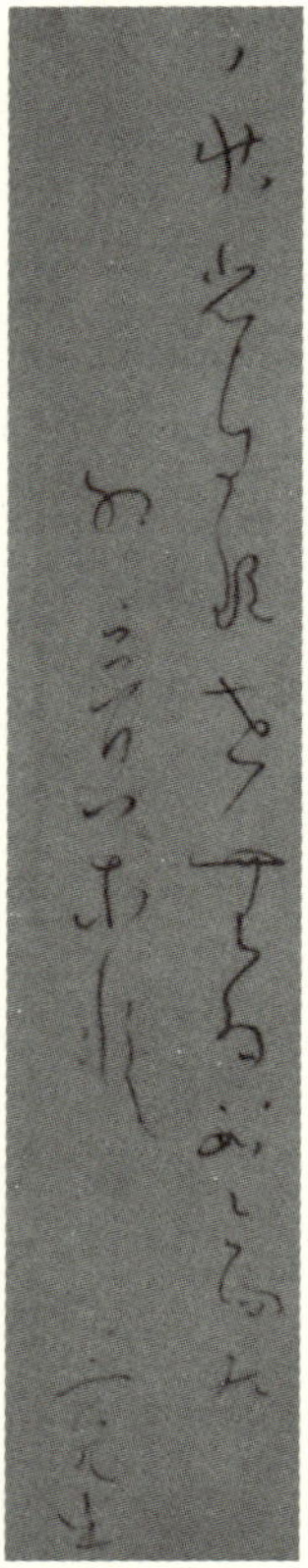

円通寺蔵の軸　良寛遺墨
（筆者撮）

秋《あき》悲《び》与《よ》理《り》　世《せ》無《む》羽《ば》数《す》ゝ《ず》面《め》能《の》

羽《は》音《おと》閑《か》那《な》

良寛書

秋《あき》びより　千羽雀《せんばすずめ》の　羽音《はおと》かな

秋の晴天に千羽雀の羽音がきこえてくることよ

「晴れた日は畑に出たくなるのよ」と、おっしゃって、里芋を持って来て下さった方がありました。家の畑で出来たのだそうです。土が付いています。

里芋とか、かぼちゃとか、じゃがいもとか、さつまいもとか、とにかくお芋は、食べていてほんとうに大地の力を感じます。大地を耕したこともないわたしですが、なぜか、大地の力をお芋から感じるのです。茹でたてのお芋、蒸し上がったばっかりのお芋、焼いたお芋、ほんとうにおいしいですね。

平成三〇年、七月六日から七日にかけて、倉敷市の真備町《まびちょう》で未曽有《みぞう》の災害がおこりました。真備にお住まいの洋子様は一階が水に浸かりました。涙をながしながらお話をうかがいました。ご本人は元気にお話になっておられました。

被災されたお宅にうかがったとき、母も私も言葉を失いました。途方に暮れました。これから、どうやって暮らしてゆかれるのだろう、と言葉もなかったのでした。床をすべてはがし、壁も取り払っておられました。

そんな中で、「災害に遭って良かった」とおっしゃるのです。「本当に大切なことがわかったから」と。その境地に至られるまで、いかに大変でいらしたかと思ってみるのですが、やはり想像を絶するのでした。

小学校教師のときこ先生は、ご自宅はなんとか水に浸からなかったけれど、まわりじゅうが浸水して、日々の生活に不自由されておられました。

「子供たちの心が心配です。傷ついた心をはやくいやしてあげないと」と、ずっと子供たちのことを心配しておられました。「みんな離ればなれになったから不安だと思う」と。学校も浸水しました。真備に住むことができなくなって、ほかの地域にうつった家族も多くあり、子供たちもあっちこっちに行ってしまいました。

真備は実際に目にすると、「廃墟のようですよ」というお声そのままでした。豊かな真備に、はやく戻ってほしい。そう念じるばかりです。

この災害のあと、ボランティアの方のお話をいろいろ耳にする機会がありました。ある日、船穂にお住まいのともこ様は、地域のお役で、真備の方にお昼ごはんを当番で作っておられることをお話し下さいました。

被災地の方が、「たいただけのかぼちゃがおいしかった」とおっしゃったそうです。たきたてのかぼちゃ、と聞いたとき、「ほんとうにそうだろうなぁ」と、心がゆさぶられました。被災直後はとても口にできなかった、たきたてのかぼちゃ。

「凝った料理より、かぼちゃならかぼちゃをたいただけ。キュウリならきゅうりを切っただけ。そういうのが食べたい」というお声だったそうです。

ボランティアの方を気遣ってのことかもしれませんが、なんだか分かる気がしたのです。母も私も感動してそのお話を聞きました。滋味《じみ》深い食べ物は力を与えてくれますね。茹でたてとか、蒸したてとか、なんともいえませんね。かぼちゃでも里芋でも、じゃがいもでも、さつまいもでも、日常に普通に食べられるのが、つくづくありがたいと思うのです。


里芋の季節は、よい季節ですね。青空が澄み切っています。心地がよいですね。秋はほんとうに良い季節です。

母方の祖父も秋の季節が好きだったように思います。良寛様の「秋日和　千羽雀の　羽音かな」の色紙をよく描いていました。

秋日和　千羽雀の　羽音かな

俳句と雀の絵と。雀の絵は地面のお米をついばんでいる絵です。わたしは祖父の雀の絵が大好きでした。ちゅんちゅん、という鳴き声が聞こえそうでした。トッ、トッと、とびはねている雰囲気がします。祖父は雀の絵を描くのが楽しかったのだと思います。

「秋日和　千羽雀の　羽音かな」の良寛様の遺墨が円通寺に保存されています。五月三日、四日、五日に良寛様の遺墨が公開されるときがあります。もしご縁がありましたら、ごらんになられるといいですね。私は先だって五月四日に参りました。本堂での遺墨展は迫力のある良寛様が感じられました。お軸の一つ一つの前でじっくりと語り合うように拝見できました。

「秋日和　千羽雀の　羽音かな」は、短冊です。上品な雰囲気の静かな短冊でした。一見、雀のことが詠まれているとはわかりません。じっくり見てもよくはわかりませんけれど……。

もともと「秋日和　千羽雀の　羽音かな」を諳《そら》んじておられる方のなかには、静かな感動とともに、この短冊と対座なさる方もあるかもしれません。読み進めると、「あー、あの句だわ……」と。とても静かな短冊です。こちらも静かになります。対座していて静かになります。雀の声が聞こえてきそうです。

秋日和　千羽雀の　羽音かな

「秋日和　千羽雀の　羽音かな」は軽やかな一句です。「秋日和」ではじまっています。「秋日和」というひびきがわたしは好きです。同じような意味の言葉に「秋晴れ」もありますが、わたしは「秋日和」のほうが、ほっこりします。

「小春日和」にも通じるような気がするのです。「小春日和」は晩秋から冬にかけての春のようなおだやかな時期をさします。晩秋から冬にかけて肌寒くなりかけている頃、ぽっと温かい日が続く。このころを「小春日和」というそうです。

「秋日和」もなんとなくそんな雰囲気が感じられます。ぽっと温かい。秋の空がすがすがしくて晴れわたっている。心地のいい青空です。「秋日和」は天高く、澄み切った青空。うららかな陽気。そんなイメージです。空気が澄んでいて、雲ひとつない晴天。さわやかな天気。

秋日和に、千羽雀の羽音を耳にして詠んだ一句です。

「凪もなく穏やかな晴れた秋の日、稲もよくみのり、数多くの雀が、豊作を告げるかのように、羽の音を高くたてながら飛び回ることだ」。

「千羽雀」は、数多くの雀の意味です。「雀」の語源は、「スズ」は鳴き声をあらわし、「メ」は、「カモメ」や「ツバメ」のように群れをなすことを指していると考えられています。雀は稲が熟してから刈り取る頃まで、稲田に群れて稲をついばみます。害鳥のイメージもありますが、害虫も食べてくれるので益鳥ともいわれています。

そして、千羽雀は豊年満作の象徴です。稲がよく実らないと雀はやって来ません。千羽もの雀がやって来るのは、豊作であることのしるしです。千羽雀、と聞くだけで農家の方々をはじめ、多くの人々はおめでたい気持ちになります。

あるとき、稲について神社の神主さまがお話し下さったことがあります。「稲という、発音、「いね」の「い」は「いのち」の「い」なのですよ。稲は命をつくっているのです。だから稲は大切にしなければならないとわたしは考えています」と、丁寧にお話し下さいました。「いね」の「い」が「いのち」の「い」とつながっているのをはじめて耳にしたのでした。そう思ってご飯をいただくと感謝の気持ちが深くなった気がしてきます。わたしの命をつくってくれている。みんなの命をつくってくれている。ありがたいことですね。

稲といえば、「わらしべ長者」の話をラジオで聞いて感動したことがありました。「わらしべ長者」の話は、もとは『今昔物語』とか『宇治拾遺物語』とかに載っています。

昔、ある貧乏な若者がいて、毎日真面目に働いても暮らしがよくならないので、観音様にお願いしに奈良の長谷寺に行くところから始まります。平安時代当時、三観音といって非常に人気のあった観音様が三カ所あったそうです。奈良の長谷寺の観音様、滋賀県の石山寺の観音様、そして京都の清水寺の観音様。その三観音の一つ、奈良の長谷寺にこの若者は向かったのです。その長谷寺で夢を見ます。

その夢に観音様が出てきます。「まず、ここを出なさい。最初に手にさわったものを大事に持って旅に出なさい」とお告げがあります。その若者は長谷寺を出るやいなや、つまづいてころんでしまいます。そのとき手に偶然、わらしべを持ちます。お告げの通り、最初に手にさわったもの、わらしべを持って旅にでますが、あぶが顔のまわりを飛ぶので、なんとそのわらしべに結びつけます。すると、高貴な母子と行き交い、子供の男の子があぶを結びつけたわらしべをほしがります。母親は蜜柑と交換してください、と大きな蜜柑を三つ出します。若者はわらしべと交換しました。

さらに行くと、喉がかわいて困っている旅の人に逢います、その人とは蜜柑と反物を交換します。さらに進むと、馬が倒れてしまったので困っている男と出会います。若者は反物と馬を交換します。その馬を若者は一生懸命に介抱してやります。その甲斐あって、馬は元気になります。そして、さらに進むと、ちょうど旅にでかけようとしていた屋敷の主人と出会います。これから旅に出るのでその馬と交換してほしいというのです。馬と交換するのは屋敷です。三年経って、帰って来なかったらあなたにあげます、とその屋敷の主人はいうのです。そして馬と屋敷を交換します。

結局三年経っても、その屋敷の主人は帰って来なかったので、この屋敷はこの若者のものになります。その屋敷には田んぼがありました。その田んぼから稲を作りました。よく実り、若者は長者となった、という話です。この話は、不思議な結末だな、と思ったのですが、最初に手に持ったわらしべ、これは一本の稲。この一本のわらしべが、稲の多く実る田んぼになっていったという結末だったのです。

何でも、信じていれば、必ずよいことになる、という教えの話だったのですね。私は、わらしべ長者の話を読んでから、田んぼを目にする度に、一本のわらしべを思い浮かべるようになったのです。一本のわらしべを大切にする心が、百にもなり、千にもなり、多くの実りの元となる。

お米を作るのに、八十八の手間がかかると言われています（実際はもっと多いのだと思われますが）。それで「米」という字は「八十八」と書くと聞いたことがあります。大変な時間のかかる農作業の中、自然のめぐみ、太陽のめぐみ、人の力、すべてに感謝の気持ち、謙虚な気持ちがわきおこるのだそうです。

「実るほど　頭《こうべ》をたれる　稲穂かな」という句が思い浮かびます。自然と頭を垂れるようになる稲穂。実っているから頭を垂れる稲穂。謙虚になってゆくこころ。人の痛みを感じるようになる心。

良寛様は托鉢で、農家の方々からお米のお布施をいただいておられた、と逸話にあります。一粒一粒に込められた、八十八の手間。途方もない時間の中、育まれたお米。自分には作ることはできない。そんな自分が托鉢で農家の方々からお布施のお米をいただく。実

秋日和　千羽雀の　羽音かな

るほど頭を垂れる稲穂かな。良寛様の頭も垂れる。自然と垂れる。感謝の心。謙虚なこころ。良寛様の心は、だからあたたかい。

「秋日和　千羽雀の　羽音かな」の一句からは、あたたかい豊かな何かを感じることができます。千羽雀の羽音を聞き、豊かなよろこびを良寛様はこの一句にこめておられるのかもしれません。

秋日和、晴天。青い空をバックに一面、黄金色の稲が風にゆらゆら揺れる。そして、千羽雀が羽の音をさせて一斉に飛び立つ。視覚から聴覚へ誘う、良寛様の名句です。

十

形見《かたみ》とて　何《なに》か残《のこ》さん　春《はる》は花《はな》
夏《なつ》ほととぎす　秋《あき》はもみじ葉《ば》（円通寺歌碑）

円通寺　覚樹庵跡に立つ句碑（筆者撮）

良寛和尚詠

形見とて　何かのこさむ

春は花　夏ほととぎす

秋はもみし葉

「瑠璃《るり》の光《ひか》りも磨《みが》きから」ということわざがあります。瑠璃は「七宝《しっぽう》」の一つで、青色の美しい玉です。美しい瑠璃も磨くから美しいのです。人も同じ。素質があっても努力して自分を磨き続けないと瑠璃のような美しさにはならないということです。

一生、勉強し続けることができたら、そして向上心を持ち続けることができたら、ほんとうにしあわせなことです。秋は物事を深く考えるのには良い季節です。夏の暑さがひくと、涼しい風がなんともいえず心地よいのですね。一雨ごとに秋が深まります。春が過ぎ、夏がいつのまにか過ぎゆき、秋がきます。

良寛様は秋にことのほか深く思いがあったように感じます。「形見とて」ではじまる歌にもその気持ちが込められているような気がします。

形見とて　何残すらん　春は花　夏ほととぎす　秋はもみぢ葉

という一首。これは、良寛様の辞世の句として有名な歌です。

良寛様の示寂《じじゃく》は、天保《てんぽう》二年（一八三一年）一月六日、七十四歳でありました。この歌は、

かたみとて　何か残さむ　春は花　夏ほととぎす　秋はもみぢ葉

または、

なきあとの　かたみともがな　春は花夏ほととぎす　秋はもみぢ葉

という伝えもあります。

円通寺境内にはこの和歌の句碑があります。その句碑は、

形見とて　何かのこさむ　春は花　夏ほとゝぎす　秋はもみじ葉

となっています。

円通寺の句碑は覚樹庵跡にたっています。覚樹庵は良寛様が修行ののちに住まわれていたところだと言われています。円通寺山門を通り、階段を上がっていきますと、弁天池がみえてきます。その左のほうの階段を上がると本堂に行きますが、右の奥のほうに行きます。そうしますと覚樹庵跡が見えます。

覚樹庵跡にひっそりとこの碑はたっています。

「形見《かたみ》とて　何《なに》かのこさむ　春《はる》は花《はな》　夏《なつ》ほとゝぎす　秋《あき》はもみじ葉《ば》」ときざまれています。「形見として　何か残そう　春は花を　夏は杜鵑《ほととぎす》を　秋はもみじ葉を」という意味です。第二句目の「何か残さむ」の「む」は意志の助動詞なので、「何かを残そう」という意味になります。良寛様の決意です。形見として何かを残そう……、そう思って残すべきものを考えたとき、それは四季折々の自然の姿だったのです。

何かを残そうというのは、そのまま自分は何が残せるのか、という自問でもあります。そんな思いで見ると、日々目にし、耳にしてきたものが深く愛おしくなったのだと思います。ほんの目の前にある自然、春であれば花、夏であれば杜鵑、秋であればもみじ葉…これを形見としよう、と良寛様は思ったのです。春の花を見る時、夏の杜鵑の声を聴く時、秋のもみじ葉を愛でる時、良寛様を思い出し、ゆるりとした心になる。

もし、現代の私たちが、そんな心になれたら…、それは、まさに雄大な自然が織りなす、良寛様の形見となるのです。

実は良寛様のこの和歌は、本歌取りです。道元禅師の伝記である古本『建撕記《けんぜいき》』の「道元《どうげん》禅師詠歌《ぜんじえいか》」の中に、宝治《ほうじ》元年（一二四七年）鎌倉に在って、北条時頼《ときより》に請われて十首の題《だい》詠《えい》をした中の一首に、「本来《ほんらい》の面目《めんぼく》を詠《えい》す」と題し、詠んだものが本歌です。

春《はる》は花《はな》　夏《なつ》ほととぎす　秋《あき》は月《つき》　冬雪《ふゆゆき》きえで　すゞしかりけり

という一首が『建撕記《けんぜいき》』にあるのです。

その後、江戸時代になって、延享《えんきょう》四年（一七四七年）、『傘松道詠《さんしょうどうえい》』という道元禅師《どうげんぜんじ》の伝記を面山瑞方《めんざんずいほう》が開版《かいはん》します。そこには第四句が「冬雪《ふゆゆき》さえて」となっていて、こちらが広く流布《るふ》しています。

春《はる》は花《はな》　夏《なつ》ほととぎす　秋《あき》は月《つき》　冬雪《ふゆゆき》さえて　すゞしかりけり

という『傘松道詠《さんしょうどうえい》』の一首の方がよく知られているのです。この歌は実は道元禅師自身の歌かどうかはわからないそうです。『正法眼蔵《しょうぼうげんぞう》』にも『正法眼蔵随聞記《しょうぼうげんぞうずいもんき》』にも載っていないのです。

最初にこの歌が載ったのは道元禅師の伝記である『建撕記《けんぜいき》』です。流布している歌とは、第四句が一文字違います。『建撕記』では「冬《ふゆ》 雪《ゆき》 消《き》えで」となり、『傘松道詠』では「冬《ふゆ》 雪《ゆき》 冴《さ》えて」となっています。

つまり、『建撕記』の「冬、雪が消えないで」という意味と『傘松道詠』の「冬、雪が冴えて」という意味とでニュアンスが違っております。広く流布したという「冬 雪 冴えて」の方が心にぐっとせまる感じがいたします。良寛様は『傘松道詠』の影響を受けているといわれています。道元禅師の詠歌に拠って同一心境の上に辞世の意を詠じたものではないかと言われています。

個人的には、私は道元禅師の歌を先に存じておりました。のちに良寛様の歌に出合いましたとき、「これは道元禅師とそっくりな歌…」と衝撃を受けたのを覚えております。

道元禅師は春は「花」、夏は「ほとゝぎす」、秋は「月」、冬は「雪」を詠み込まれておられます。良寛様は春は「花」、夏は「ほとゝぎす」、秋は「もみぢ葉」と詠まれています。道元禅師が秋は「月」と天空を詠じているのに対して、良寛様はすぐ眼の前に見えたであろう「もみぢ葉」を詠じておられます。

春の「花」は梅でしょうか、それとも桜でしょうか。わたしは、母方の祖父や祖母と接するとき、二十歳代の頃のことですが、『来年は一緒に梅の花をみることができるのかしら、桜が咲いたことを一緒に喜べるのかしら』と冬の寒さの中、切なく思ったことがありました。やはり一緒に喜びたいのは春の訪れで、その象徴が梅や桜の花であったように思います。他の花ではなく、梅や桜でございました。

きょうこ先生というお茶の先生がおられます。明るくて前向きでひたむきな先生です。その先生がある日、「明日《あす》ありと　思《おも》ふ心《こころ》の　仇桜《あだざくら》　夜半《よわ》に嵐《あらし》の　吹《ふ》かぬものかは」という「親鸞聖人絵詞伝《しんらんしょうにんえことばでん》」にのる一首を教えて下さいました。浄土真宗《じょうどしんしゅう》の開祖《かいそ》、親鸞聖人《しんらんしょうにん》が九歳の春、青蓮院《しょうれんいん》で慈円和尚《じえんかしょう》のもと出家するときに詠んだ和歌です。

慈円和尚は「百人一首」第九十五番、「おほけなく　憂《う》き世《よ》の民《たみ》に　おほふかな　わが立《た》つ杣《そま》の　墨染《すみぞめ》の袖《そで》」（身の程もわきまえず、憂き世の民の上に覆いかけることだ、伝教大師《でんぎょうだいし》が「わが立《た》つ杣《そま》」と詠われたこの比叡の山に住みはじめた私が、この墨染めの袖を）の歌で有名な前大僧正慈円《ぜんだいそうじょうじえん》です。

九歳の男の子は夜遅くに慈円和尚をたずねました。いたいけな九歳の男の子に、「明日《みょうにち》になって剃髪《ていはつ》したらどうか」と慈円和尚は言います。その時、その男の子（後の親鸞聖人）が詠んだのが「明日《あす》ありと　思《おも》ふ心《こころ》の　仇桜《あだざくら》　夜半《よわ》に嵐《あらし》の　吹《ふ》かぬものかは」という一首なのです。「明日もまだある、咲いていると思う桜も、夜中に嵐が吹かないとは限らない。夜中のうちに桜が散ってしまうかもしれません。だから、今得度《とくど》をお願い致《いた》します」という意味の和歌です。九歳といえば、小学三年生ぐらいです。私はその頃、何をしていたのか……、少なくとも、のほほんとしていたことだけは確かです。「栴檀《せんだん》は双葉《ふたば》より芳《かんば》し」とはよく言ったものですね。

九歳の男の子（後の親鸞聖人）が詠んだ「明日ありと　思う心の　あだ桜　夜半に　嵐の吹かぬものかは」には、世の無常《むじょう》が詠み込まれているのです。この世は無常だ、だから、今が大事なのだ、と。今のこの気持ちが大切なのだ。今ここにある心が大事なのだ。今、ここにある……、それが大事。今、目の前に咲いている桜が大切なのです。

その桜は、夜中のうちに散ってしまうかも知れない。明日の朝、咲いている桜が残っているかどうかは誰にもわからない。だから、今、眼前にある桜を心して見なければならない。今ここにある心を大切にしなければならない。桜の花を、今しか見ることができないかもしれない、と思い、心を空《くう》にして、見る。自分の心が空になっていなければ、桜のほんとうの美しさは心に響かないのです。心を空《くう》にして、見る。明日もまだ、咲いているかどうかわからない桜を。

この思いが湧き上がってきたとき、ある桜の木を思い出しました。円通寺良寛堂の前にある一本の桜の老木です。円通寺の奥様が良寛堂の桜の老木についてお話しくださったことがありました。

「あそこに、老木が見えるでしょう」

「あの、良寛堂の前の老木ですか?」

「えぇ、あれは桜の木なのですよ」

「あの老木は桜の木だったのですか!」

「今年も花が咲いてくれるかしら、と思って、いつもあの桜の老木を眺めているのですよ」

奥様のいつも見ている、という表現がわたしには、ずしっと重く感じられました。その老木をただ、見ているのではなく、桜の花が咲いていないときにもずっと、「また咲いてくれるだろうか」と思いながら、見ておられたのです。毎日毎日、共に時を刻んでおられるということですね。なんとなく見ているのではなく、願いを込めて見ている。咲きますように、と。一本の老木に。

円通寺は桜で有名です。毎年、桜の季節になると、人でいっぱいになります。良寛荘から左上のほうへ歩いて上がっていく道があります。そこは桜のトンネルになります。たくさんの桜の木が植えられています。ほんとうにきれいです。

円通寺の桜といえば、その桜でした。円通寺の奥様から良寛堂の前の老木のことを教えていただく前までは。一本の老木の桜の木を知ってからは、そこを通るたびに「また咲きますように」と心でとなえるようになりました。わたしの中で、その老木の見方が変わったのです。（以前は、何の木なのか、そこに木があったのかさえ何も思わなかったのです）

円通寺良寛堂の前の老木を見て、また咲くだろうか、と、いとおしく思って観る。そんな眼で見ているうちに、良寛荘の左上の方にある、たくさんの桜の木を見ますと、なんと私には、一本一本に思えてきたのです。たくさん植えられている桜の木々、それは一本一本大切に植えられてきたのにちがいありません。何本なのかは知りません。でも、心をふわりと軽くしてくれる花を咲かせてくれる木として一本一本、そこに、立っているのです。

一本一本が、いとおしい桜の木なのでした。感じ方で、桜の木に対してまったく別の心が生じます。実に不思議なことでございました。今見る桜は今しか見ることができない。今日の桜は今日思い切り美しさを感じなければならない。桜の花はそれを教えてくれているのですね。

大切なものを大切なものとして深く心に刻むのですね。今、目の前に桜が咲いている。心で見る、観るのですね。

「形見とて　何残すらん　春は花」と良寛様は詠みました。良寛様も『来年の春の花を見ることができるだろうか』と切なく思う日があったのかもしれません。私は梅が咲いたり、桜を見上げたりしたとき、自然と涙がこぼれることがあります。涙が流れることで心が浄化されていくような気さえする。とても不思議です。良寛様もそれを願っておられたのかもしれません。梅や桜を見て良寛様を思い出し、涙を流す。心が浄化されますように、と。

夏は、ほと､ぎすを詠まれています。「春は花　夏ほととぎす　秋はもみぢ葉」と、他の季節は視覚的であるのに、夏は聴覚的です。

ほととぎすは清少納言が大好きだった鳥だと知ってから私も好きになった鳥です。まず鳴き声を知りませんでしたので、その鳴き声がほととぎすだと知ると、それだけで大きく感覚が変わったのを覚えています。「テッペンカケタカ」とか「東京特許許可局《とうきょうとっきょきょかきょく》」と言っているように聞こえると、言われるあの鳴き声です。「キョッ、キョ、キョキョキョキョ」と私には聞こえます。我が家にいると、玉島円通寺の方から聞こえてきます。時期によって遠くに聞こえていたのが、だんだんと近くに聞こえるようになります。年によって時鳥の声は頻繁にきかれることもあります。

夏の初音《はつね》といえばほととぎす。初音は、その年のその季節の最初に聴く鳥の声のことです。ほととぎすは夏の訪れを知らせてくれる鳥なのです。待《ま》たる､声《こえ》なのです。春の初音である鶯《うぐいす》の声は華やかな気持ちになりますが、ほととぎすは少し切ない気持ちになります。早朝や、夜に聞くことの多い声です。

良寛様は静かな早朝や夜に鳴くほととぎすの声を聴いて、誰かを思い出していたのかもしれません。そう思うと、夏のほととぎすに託して詠む良寛様のお気持ちも何となくわかるような気がしてきます。良寛様は親友の三輪左一《みわさいち》を失ったとき、「寂寥《せきりょう》に堪《た》えず則《すなわ》ち尋《たず》ね去《さ》れば、万朶《ばんだ》の青山《せいざん》に杜鵑《とけん》鳴《な》く」と詠んでおられます。寂寥《せきりょう》の感慨《かんがい》に達したとき、良寛様はほととぎすの声を聴いたのです。そのとき、この一句を詠まずにはいられなかったのだと思います。寂寥という言葉に私は胸が締《し》め付けられるような感じがいたしました。良寛様にとってほととぎすの声が寂寥の中、響く音なのであれば、やはり「かたみ」として夏は、ほととぎすだったのだと思われてなりません。

秋に道元禅師《どうげんぜんじ》は月を、良寛様はもみぢ葉を詠じておられます。良寛様は月ではなくあえてもみぢ葉を詠まれていて、何かのメッセージのように感じます。もしかすると良寛様は、今、眼の前の風に舞うもみぢ葉《ば》を見て「かたみとて」の一首を詠む気持ちになったのかもしれない、と思ったりもします。

もうひとつの辞世《じせい》の句《く》の「裏を見せ　表を見せて　散るもみぢ」に通じる何かを感じます。紅に染まる紅葉は、秋の時雨《しぐれ》ごとに一雨ごとに、深い紅へと変じるのだそうでございます。その雨は、古来《こらい》、涙《なみだ》に喩《たと》えられてきました。

雨の降るごとに、そして涙を流すごとに、より深くなってゆく紅葉《もみじ》の紅《くれない》の色。眼《め》の前のもみぢ葉は深紅《しんく》に染まっている、それを良寛様は辞世の句として詠みたい、とつきうごかされたのかもしれません。


冬。木枯《こが》らしによって、もみぢ葉が散ってしまうと、冬が到来《とうらい》します。しかし、良寛様は「かたみとて」の歌の中で冬に触れていません。私にはなぜ冬を詠まなかったのかが不思議に思われるのです。道元禅師の一首をふまえて詠みつつ、秋はもみぢ葉に変えておられる、それは道元禅師とは少し違う境地であることを示しておられるような気がします。それならば、冬も違う何かで詠むこともできたはずです。それを、あえて詠まずに一句を完成させておられる。なぜなのか、と不思議に思います。もしかすると冬を「詠まざる」ことにこそメッセージが込められているのかもしれません。

良寛様は越後にお生まれになられ、二十二歳の頃、玉島に来られています。雪国育ちの良寛様が雪のあまり降らない玉島へ来られて、どのようにお感じでいらっしゃったのでしょうか。『こんな、雪が降らないところもあるのだなあ』と思いながら、故郷をいつも思い出しておられたのかもしれません。

富山県のご出身で今は岡山県にお住まいの方が「こっちは冬はあったかいです」といつもおっしゃいます。「富山県は冬、雪がすごいんですよ。でも良寛様の故郷、越後はもっとすごいです。北陸の人は、『越後は日本の屋根だ』とか言うくらいです」と、教わりました。「玉島の人は本当の雪を知らないのだと思いますよ」ともおっしゃいます。越後と玉島とでは、雪が違うのだそうです。降っても降っても積もらないのが玉島。降っても降っても降りやまないのが越後の雪の厳しさだそうで、玉島生れ玉島育ちの私にはまったく想像できません。「雪ってね、苦しみ以外のなにものでもないのよ」ともおっしゃいました。良寛様も「冬雪さえて　すずしかりけり」という気持ちにはなれなかったのかもしれません。それは、まことのきびしさに直面し続けたゆえのことなのだろうと思います。

しかし、やはり、良寛様にとって冬は雪なのだろうと思います。冬の雪を詠まなかったことによって私にはかえって余韻が感じられ、「なぜ詠まなかったのだろうか」という良寛様への問いを持ち続けることになりました。冬の雪を見れば良寛様を思い出し、本当に大変な冬を耐えて暮らしておられたのだろうと思いを馳せることになります。

厳しい冬……。だからこそ、春のあたたかさが深く感じられる。けれど、その厳しさは筆《ひっ》舌《ぜつ》に尽くすことはできない。詠まずして語る、良寛様の冬の雪なのかもしれません。瑠璃《るり》の光《ひか》りのごとき良寛様の一句です。

十一　うらをみせ　おもてをみせて　ちるもみぢ
（円通寺句碑）

円通寺の句碑（筆者撮）

うらを
みせ
おもてを
見せて
ちる
もみぢ

良寛句

「人の一生はあっという間。だから、今日も頑張るんだよね。頑張ったらお腹が減るね。泣いても笑ってもお腹が減るからね。そしたらお腹いっぱいごはんを食べたらええからな」と、母方の祖母はいつも言っておりました。そして、「なんか食べるか？」とやさしくおにぎりを食べさせてくれたものでした。おばあちゃんのは、ちいちゃい俵のおにぎりでした。塩が、ほどよくきいていました。

その祖母が亡くなって、数年が経ちます。まだ実感がわきません。あのおにぎりも、もう食べることができないのです。それがとっても、かなしいときがあります。

ときどき思い出す言葉があります。相田みつをさんの「にんげんだもの」です。

おばあちゃんは相田みつをさんのカレンダーをどなたかからいただいて、毎日読んでいた時がありました。

私に毎度のように「にんげんだもん」と言うのです。私は心の中で『にんげんだもの、が正解だと思うけど』と思いながら、おばあちゃんの力説をただただ頷いて聞いていました。おばあちゃんは、「にんげんだもの」と言ったことはついぞ一度もありませんでした。「にんげんだもん」でした。

おばあちゃんが「にんげんだもん」というとき、最後の「だもん」に力を入れて、わたしの二の腕をぎゅぎゅっと持つのです。「いたたた」と私が痛がってもまったくお構いなし。「にんげんだもん」と何度も繰り返します。

「つらいことがあっても、にんげんだもん」「かなしいことがあっても、にんげんだもん」「失敗しても、にんげんだもん」と、おばあちゃんの語録に変わっていたりして私は真剣な眼差しでうんうん頷いて聞きながら、クスクスと笑いそうになるのでした。

「だもん」に力が入っていて、二の腕をぎゅぎゅっとされるのはおばあちゃん語録でもかわらないので、「だもん」のたんびに、「いてて」と何度も言う羽目になるのでした。

おばあちゃんは、ある頃から、いろいろなことがわからなくなってきました。だんだんとわからないことがふえてきました。認知症でした。おばあちゃんが「にんげんだもん」という言葉も忘れてしまって、私はいつのまにか相田みつをさんの言葉をおばあちゃんが繰り返していたことすら忘れていました。

そんなある日、相田みつをさんの「にんげんだもの」(文化出版局)がうちの本棚にあるのを見付けました。わたしは、自分の本棚にその本があるのを忘れていたのです。以前も読んだことがあるはずの一冊です。わたしは久しぶりに本棚から取り出しました。上は、ほこりをかぶっていました。『表紙のにんげんだものは、おばあちゃんがしょっちゅう言ってた言葉だな。語尾はまちがえてたけど』と思い、本をひらきました。

その日は、おばあちゃんといっしょに炬燵《こたつ》に入って本を見ました。おばあちゃんはその本の表紙をみて、「にんげんだもん」と言ったのです。ことばは、おばあちゃんの中で活きていました。

おばあちゃんには、やっぱり、「にんげんだもの」ではなく、「にんげんだもん」でした。私は、思わず笑ってしまいました。「もー、おばあちゃん。やっぱり語尾がちがうよー。にんげんだもん、じゃなくて、にんげんだもの、が正解。」と言ったのでした。

でも、もう、ぎゅぎゅっとはしてくれませんでした。

私は、涙がとまらなくなったのでした。

……泣き疲れると、お腹がすくのでしょうか。

お腹がすいても、もう目の前のおばあちゃんは、おにぎりを出してはくれません。

私はやっぱり、泣いていました。

泣きながら、そこにずっとあった一冊の本が、その時、自分の心の中の何かを変えてくれるのを感じました。

おばあちゃんは、わたしに何かを気付かせようと思って、あの頃、私の二の腕をぎゅぎゅっとしてくれていた…。ゆう子ちゃん、大丈夫だよ。にんげんだもん、いろいろあるよ。でも大丈夫。にんげんだもん。なんとかなるよ。と言ってくれていたのだと思います。毎度毎度、会う度に。

おばあちゃんの心は、あの頃はまだ全くわかりませんでした。おばあちゃんの気持ちに、少し気付けたような気がするのです。今気付いたって、もう遅いのかも知れないけれど。でも、大切なことに、少しでも気付けたのは、おばあちゃんのおかげです。おばあちゃんがぎゅぎゅっとしてくれていたおかげ。語尾がちょっと違ってて、でも、ぎゅぎゅっとしてくれていた頃を思い出しました。それにしても、なんでぎゅぎゅっとしてたのかな。よくわかんないな、おばあちゃん。

私はクスクスと笑ってしまいました。おばあちゃんはクスクス笑うわたしを見て、にこにこ笑い出しました。わたしはつられてもう少し笑いました。そうすると、おばあちゃんはもっと笑いました。わたしももっと笑いました。おばあちゃんは、ほんとにうれしそうに、もっともっと笑いました。そのときのおばあちゃんの表情にわたしはどきりとしました。何かに似ていたからです。じっと考えました。どこかで、今のおばあちゃんの表情を見たことがある。どこだろう。しばらく考えていました。

そして、やっと思い出しました。平櫛田中さんの彫刻です。「気楽坊《きらくぼう》」という彫刻です。

天真爛漫な笑顔。天に向って何の屈託もなく笑うすがた。わたしはおばあちゃんの表情がその「気楽坊」という彫刻そのままのように思えました。

うらをみせ

うらをみせ　おもてをみせて　ちるもみぢ

これは、良寛様の辞世の句。本当は良寛様自作ではないといわれている句ですが、良寛様ご自身のお姿を思わせる一句です。円通寺の句碑になっています。その句碑は、円通寺山門のそばにあります。「食を乞うて市鄽に入る」で始まる

気楽坊
1960年(昭和35年)製作　木彫
井原市立田中美術館蔵

「夢中問答」の句碑の近くです。山門をくぐる前に、この二つの句碑を目にします。

「うらをみせ　おもてをみせて　ちるもみぢ」の句碑は、立派な碑です。しばらく見入ってしまいます。

秋葉町を通って歩いて上ってくると、私は息切れがしてしまうので、ここで少し息をととのえます。落ち着いてから、この句碑を見ます。句を味わいます。周りの木々がそうさせます。もう、円通寺境内の雰囲気です。

句碑の前にしばらくたたずむと風が吹いてきます。木々の葉が音をたてます。りんとした空気がただよいます。鳥が鳴きます。もう、俗世間の音は聞こえてきません。木々の葉が揺れます。その下で「うらをみせ　おもてをみせて　ちるもみぢ」に思いをはせるのです。

これは、『蓮《はちす》の露《つゆ》』（貞心尼《ていしんに》著）に載る貞心尼との有名なやりとりでの一句です。貞心尼が良寛禅師をはじめて訪れたのは、文政十年（一八二七年）の秋。良寛様七十歳、貞心尼三十歳。良寛様の示寂《じじゃく》は、天保《てんぽう》二年（一八三一年）一月六日、七十四歳。良寛様と貞心尼との交流は三年半ほどの間。弟の由之《ゆうし》や貞心尼らに見守られながらの示寂であったといいます。その時のようすも含め、貞心尼は『蓮の露』（一八三五年完成）に書き残しました。

生《い》きしにの　界《さかい》はなれて　住《す》む身《み》にも　さらぬ別《わか》れの　あるぞ悲《かな》しき

と貞心尼《ていしんに》は良寛様に詠みかけます。「生死《しょうじ》の境界《きょうがい》を超《こ》えて（仏につかえて）住む身の上ですが、そんな身の上である私達にも避けることのできない別れがあるのは悲しいことでございます」という意味の歌です。この歌に対する良寛様の返歌が、「うらをみせ　おもてをみせて　ちるもみぢ」。

「こは　御《おん》みづからのにはあらねど」と『蓮の露』にあります。「この句は良寛禅師御自作ではないけれど」、という意味です。実のところ、松尾芭蕉《まつおばしょう》と親交のあった谷木因《たにぼくいん》（北村季《きたむらき》吟《ぎん》の門人で芭蕉と同門）の句をもとにしているといわれています。

『俳諧百一集《はいかいひゃくいちしゅう》』（一七六五年）に、「裏散《うらちり》つ　表《おもて》をちりつ　もみぢ哉《かな》」があります。谷木因《たにぼくいん》の作です。「裏に散ったり　表に散ったりする　もみぢであることよ」という意味です。紅葉が舞うように散る様を表現しています。良寛様の一句とは趣が違います。

谷木因（一六四六年～一七二五年）とは、美濃の人で、芭蕉と親交があったことで知られます。良寛様はもともと、この木因の一句を知っていたのだと思われます。良寛様は衰弱のため歌を作る気力もなく、他人の句を借りて貞心尼に返歌したのです。木因の句をもとにしつつ、つくりかえたのでした。

自身の姿をありのままに裏も表も見せて散る、清らかな境地である、とうたいあげたのであろうと思われるのです。そのため、元の木因の俳句とはまったく趣が変わっています。元の一句が、目の前の紅葉の舞う様子を詠み上げているのに対して、良寛様は自分の人生を一枚の葉に込めているのです。そして、深い一句に変じました。高い境地がうかがえる一句です。

生《い》きしにの　界《さかい》はなれて　住《す》む身《み》にも
さらぬ別《わか》れの　あるぞ悲《かな》しき
貞《てい》

うらを見《み》せ　おもてを見《み》せて　ちるもみぢ
御返《おんかえ》し
師《し》

〈『蓮《はちす》の露《つゆ》』より〉

十二 心月輪
しんがちりん

円通寺良寛堂の心月輪の写し

心　月　輪

良寛書

「変若水《をちみづ》」の「をち」は若返るの意です。「変若水」は飲むと若返る水のことです。それは、月にあるとされています。

月の雫。地上におりる露は月から降ってきています。昔の人はそう信じました。若い頃、私はそうは思いませんでした。空気中の蒸気が水滴となって葉っぱのような物質と接したとき、そこにとどまる、と思っておりました。

今は、お月様からの雫だと信じるようになりました。そうだと思えば、そうなのです。素直に思う心が大切なのです。お月様からの変若水だと思うと、とたんに葉の先に輝く露がなんと美しく見えることでしょう。

それを、「明々《めいめい》たり百草頭《ひゃくそうとう》」といいます。答えは、そこにあるのです。命のかがやきがそこにあるのです。何かを信じる心にやどるのです。

「パ」「タ」「カ」「ラ」という四文字には、それぞれ口の動きで大切な要素がつまっているのだそうです。「パ　タ　カ　ラ」と口の形を作ってハッキリ大きな声で言ってみると、たしかにいろんなところが動きます。「パタカラ」と言うだけで、唾液が出てきて、口の周りの筋肉が動き、脳も活性化し、体に良いのだそうです。ある若い女性の言語聴覚士の方から教えていただきました。この方は、ご自分のおじいちゃんがしゃべったり、食べたり、のみ込んだりするのが難しくなってしまった時、ある言語聴覚士の女性が優しくケアしてくださったのをきっかけに、この仕事を目指す決心をなさったそうです。わたしは涙がでました。

おじいちゃんが劇的に良くなったわけではないけれど、あきらめていたことが少しずつ出来るようになったということです。人は、ちょっとしたことを少しずつ取り組むことでわずかづつ良くなったり、治ったりするのだそうです。

「バタカラって言えばいいのですか?」とわたしはその方に尋ねました。

「そうですね。でも、いつもよく人としゃべってる人は自然とその働きが口の中でおこなわれています」

「わたしみたいなおしゃべりは、その働きは充分あるってことですか?」

その方は「そうですね」と言いつつ、クスクス笑っておられました。

「愚痴だとしても?」

「そうですね、何でもいいです」

とにかく何でもいいからしゃべることが体にいいのだそうです。毎日よくしゃべるわたしは自然と体によいことをしていたのです！　それがたとえ愚痴だとしても…。せっかくだから良い言葉をしゃべってみようと思いました。信じる言葉を口に出してみる。般若心経、お唱え…。なるほど、昔の人は、日の出の時に、「お日様」に向かって手を合わせ、何かを唱えておられました。「お月様」にむかっても何かを唱えておられました。信じればこそです。その姿を思い出し、信じる心は尊いと気付きました。文言を唱えると、心がおちつきます。

「オン　アビラウンケン　バザラダトバン（大日如来様）」とか、「オン　アロリキャソワカ（観自在菩薩）」とか。唱えるだけで、健康にもよいことをしていたのです。不安になったとき、心がガザガザしてきたとき、そういう言葉を口に出して言ってみるのはいいかもしれません。ちょっとずつ実践していったら良いのだと思います。これならわたしにも出来そうです。わたしはいろんな方に導いていただいているのです。

良寛様も仏教での難しい教えを、具体的にわかりやすく人々に伝えておられたのだと思います。良寛様はさまざまな形で人々を良い方向へ導いた方でした。わかりやすく、実践しやすい形で導くのです。

あの「心月輪」の鍋蓋は、まさに暮らしの中で実践できる教えです。仏教では心を安定させるのに「月輪観《がちりんかん》」という方法があるのだそうです。まず、心の中に満月を思い浮かべます。呼吸を整えながら、月と自分の心を一体化させてゆくのだそうです。そうすると心が清らかにおだやかになるということです。やはり呼吸は大切なのですね。

良寛様の鍋蓋ということで有名な「心月輪」について読んでいて「月輪観」ということばに出会いました。とにかく心を清らかに丸くするための方法なのですね。円通寺の良寛堂には鍋蓋の写しがあります。良寛堂の鍋蓋は丸の下がまっすぐに切ってあります。下がまっすぐに切ってあることに気が付いたのは実は最近のことです。

小さい頃からなんとなく見ていたのでしたが、丸い形だとばかり思い込んでいたのでした。下がまっすぐに切ってあると気付いたのは、良寛堂でお茶席をさせていただいたときでした。

「お茶は未経験、という方がほとんどです」と言う主催者の方から、「良寛様についてクイズを出してもらえませんか」と、急に言われたのがきっかけでした。お茶席が始まる直前のことでした。お茶席が初めての方々なので、リラックスしていただこうとの配慮からでした。

『お茶席でクイズ、何がいいかしら…』と、無い知恵を絞って考えておりますと、ふと「心月輪」の鍋蓋が目にとまったのです。『これをクイズにしよう！』と思いつきました。我ながらよい思いつきだと自己満足しておりましたが、その間もなくお客様方がお席入りなさり始めました。なるほど、とても緊張なさっておられる…、クイズはとてもよいアイデアでした。お席が始まり、頃合をみて、クイズを出しました。

「あそこにかかっている丸い木の板、見えますか？」

お客様の中には、小学生とか中学生の男の子や女の子もいます。

「あの丸い板は、良寛様がある三文字を書いて有名になった鍋蓋です」といいながら、まん丸ではないことに、その時、気付いたのです。

「下がまっすぐ切ってありますね。実はこれは写したものです。良寛様が書いたという実物の鍋蓋は新潟県にあります。良寛様の故郷ですね。ここ円通寺良寛堂は良寛様が若い頃、修行なさった時に勉強するお部屋として使われていたそうです。良寛様も実際にここで勉強したそうですよ。あやかりたいですね。良寛様にゆかりのある、この良寛堂に鍋蓋の写したものが、あそこの丸い板です。実物はまん丸い鍋蓋ですが、この良寛堂の鍋蓋は、実物に憚《はばか》って下が切ってあるのかもしれませんね。奥ゆかしいことですね」と、あわてて付け加えたのでした。

そして、「あの丸い鍋蓋には三つの文字が書かれています。さて、何と書いてあるでしょうか」と申しますと、皆さん、じーっと見始めました。

「右から読みます」と申しますと、

「一番右は、心？」とすぐに答えた方がありました。

「真ん中は月？」としばらくして小学生の男の子が答えました。

「一番左は…冬？」となかなか正解が出ませんでした。

「この形は？　下が切れてますけれど、ほんとは丸い形でしたよね。別の言い方で？」

とヒントを出しました。

「丸！」
「円！」
「玉！」
「球！」

などいろいろおっしゃってくださいました。わたしが左右の手で輪を作って「他の言い方で？」とさらに申しますと、「輪？」と当てた方がおられました。女性の方でした。

クイズを出す必要にせまられなければ、いまだに丸い板だと思っていたはずです。あの日のご縁に感謝です。実はあの日、丸い板の下がまっすぐ切ってある形から、ある窓を思い浮かべておりました。

吉野窓《よしのまど》です。京都の鷹峯《たかがみね》に常照寺《じょうしょうじ》という吉野太夫《よしのだゆう》ゆかりのお寺があります。「遺芳庵《いほうあん》」という、吉野太夫ゆかりのお茶室があり、その壁に「吉野窓《よしのまど》」という大きな丸い窓がありま す。その窓の形がまん丸ではなく下が直線に切れているのです。

茶室の外側から見るとよく分かります。茶道具で吉野棚という丸い窓のあるお棚がありますます。その丸はまん丸ですので、吉野窓はまん丸だとばかり思っていました。もし、吉野窓がある常照寺《じょうしょうじ》へ参る機会があれば、本物の吉野窓を見てみたいと常々思っていたのですが、実際に見てみるとまん丸ではなかったことがわかったのでした。

これは、仏教では完全な円というのは、悟りの完成を意味するので、吉野太夫は自分自身の姿、完成していない姿として丸の下を直線に切った形の窓にしたということです。吉野窓は想像していたのより、大きくて、その大きさにも驚きました。実際に見てみるというのは大きな経験になります。完成していない姿を窓の形に、まん丸ではなく欠けた形で。すごいですね。完成していないということは、完成に向かって歩いて行くということですね。

完成すると、動かない。未完だから動く。

安定していると動かない。不安定だから動く。

動くというのは、一生懸命に生きるということなのだそうです。

心を懸命に動かす。不安だから、心を動かそうとする。

今、目の前にあるものを、もっと深く感じようとする。

花が咲くと、立ち止まってじっと感じる。臘梅《ろうばい》の花が咲くと、香りをゆっくりと感じる。

今ある不安が一瞬だけ、静まる。不安定だから、心を一生懸命、花に対して動かす。目には見えない花の香り、風、空気を体で感じようとする。

現代はなかなかこういう時間は持てないかもしれません。わたしもなかなかそういう時間は持てません。時間はないのに、行き詰まってしまう。そんなとき、どうしたらよいのか、途方に暮れます。

吉野太夫も心を丸くするために、あの窓を好まれたのかも知れません。円相ではなく、欠けた形で。

円相とは、お軸などでも時々見られるもので、一筆でぐるっと一つ円を描いたものです。月や鏡にたとえられたり、仏心や宇宙全体や、人の心などをあらわしていると言われています。

仙厓《せんがい》和尚の円相はおまんじゅうにたとえられていて、「これ食《く》ふて茶飲《ちゃの》め」と横に讃があっておもしろいな、と思ったことがあります。仙厓和尚ですから、おまんじゅうは円相《えんそう》です。円相を「食ふ」、つまり「のみ込め」と言っているわけで、私にはのみこむ度量がまだまだそなわっていないな、と思い直したことがありました。

常照寺の吉野窓と同じ形をした円通寺の心月輪の丸い板。私はすばらしいと心のなかですがすがしく思いました。欠けているからすばらしい。まだまだ、これから満ちてゆく躍動感があります。

新潟にある、実物の心月輪にはいくつか逸話が残っていますね。その一つは、良寛様が解良家《けらけ》を訪れたとき、若い大工さんが鍋蓋を作っていて、仕事になれていなかったのか、取っ手をつける溝を彫ろうとして、うっかりさけ目を入れてしまったというのです。その板を捨てようとしているのを見て、良寛様はとっさにその板に「心月輪」と書いたといいます。

それを解良家では、心が円くなるようにと台所へ長い間飾り、大切にしたということです。私は偶然にも解良家の方（女性）とお会いしたとき、お心のやわらかさに良寛様を感じました。とても柔和な笑顔をされていて、いっぺんに大好きになりました。おことばがおひとつおひとつ、あったかいのです。心月輪の板を守っている、というより共に暮しておられる、という感じがいたしました。そのやわらかな円い心を、私も持ちたいと、思っています。

玉島円通寺のそばに良寛荘という国民宿舎があります。良寛荘のフロントには「心月輪」の鍋蓋のレプリカがあります。そのレプリカには、裂け目が入っています。解良家で大切にされてきた裂け目の入った鍋蓋を良寛荘はレプリカで再現しているのです。フロントのレプリカは意外と気が付きません。私は、良寛荘の方からそのレプリカの存在を教えていただきました。良寛荘は優しい方ばかりです。穏やかで、いつも笑顔で迎えて下さいます。地元でも憩いの場となっています。「心月輪」を拝むような気持ちで見ています。

良寛荘フロントの壁に掛かる
心月輪のレプリカ

解良家の方々も代々この「心月輪」の言葉を大切にされてこられたのだと思います。良寛様は、解良家は真言宗《しんごんしゅう》徒《と》であるので、「心月輪」という、真言密教のことばを以て処したのであろう、と言われています。

真言宗は空海（七七四年〜八三五年）によって開かれました。空海は、沙門時代、唐に渡り、滞在中（二年間）に「密教《みっきょう》」を学び、八〇六年に帰国します。日本に真言密教と両《りょう》界曼荼羅《かいまんだら》をもたらしました。両界曼荼羅とは、「金剛界《こんごうかい》」と「胎蔵界《たいぞうかい》」の両界の曼荼羅のことです。「金剛界」を「心月輪《しんがちりん》」といい、「胎蔵界」を「心蓮華《しんれんげ》」というそうです。

「心月輪」とは、真言密教の「月輪観」であり、不空《ふくう》の『大教経《だいきょうきょう》』にあるのだそうです。不空（七〇五年〜七七四年）とは、長安青龍寺《せいりゅうじ》の恵果和尚《けいかおしょう》の師。実は、この恵果和尚に空《くう》海《かい》は師事しているのです。不空三蔵《ふくうさんぞう》が『大教経』の中で「能《よ》く心月輪《しんがちりん》をして円満《えんまん》にして、ますます明顕《めいけん》ならしめよ」と述べているということです。

人の心は本来、満月のごとく円満で清浄。月を観念することにより、心に清浄な月の姿があらわれる。これが「月輪観」。心の中に満月を思い浮かべ、呼吸を整えながら、月と自分の心を一体化させるのだそうです。

人間の苦しみの根源は、「貪瞋痴《とんじんち》」の三毒であるとされています。

「貪《とん》」とは、自分の好む対象を追い求める心（貪欲）のことで、つまり、欲張ってしまう心。

「瞋《じん》」とは、自分の嫌いな対象を憎み嫌悪する心で、自己中心的な心で、怒ること。

「痴《ち》」とは、心性が愚かで、一切の道理にくらく、その無知により迷い惑う心（愚痴《ぐち》）のことで、実態のないものを真実のように思いこむ心。

この「貪瞋痴」を「三毒」といい、人の煩悩を「毒」にたとえたものです。私はこれを矢掛　妙泉寺《みょうせんじ》の妙道上人《みょうどうしょうにん》から教えていただいたとき、どきっといたしました。「貪瞋痴」についていろいろお話し下さいました。

「最初の『貪』は、むさぼるという字です。必要以上にむさぼってしまう、欲のことです」

「欲深い、ということですか。」

「そうですね。次の『瞋』は、怒る心のことですね。腹を立てる、というあのことですね」

「瞋恚《しんに》の炎というあの心ですね。メラメラと怒り狂う、ということですね。」

「まさにそうですね。それから、三毒の三番目の『痴』はいわゆる「愚痴」なのですよ」

「愚痴は毒なのですか！」とあまりにも驚くわたしは「いつも愚痴っています」と看板掲げたようなものでした。

愚痴……、日々口にしない日はない、あの愚痴ですね。それが三毒のひとつとは……。

「そうですね、いわゆる愚痴っぽい、とか愚痴をこぼすとかいうあの愚痴とはちょっと違うのですが、……まあ、通じることではあるでしょうね」

「では、わたしは毎日毒をはいているわけですか？」

「……まあ、愚痴は三毒のひとつといわれていますが、知らないから迷う、そういう心のことですね。無知であってはいけないのです。物事の本質を知って惑わない心を得るのが大事なのですね。愚痴は、煩悩ですから。誰もが持つものです」と、にっこりなさいました。

愚痴は無知ゆえの心の迷い、惑い。……言われてみればその通りです。しかも「三毒」のひとつ。そして三番目。最後に最も難関をもってこられたような感じです。

また別の機会に「月輪」には三つの徳がある、とある方から教えていただいたことがあります。「清浄」、「清涼」、「光明」という「三徳」なのだそうです。「月輪」のもつ「清浄」、「清涼」、「光明」という「三徳」は、この「三毒」を浄化する働きがあるとされているということです。つまり「三毒」は自分の本来の心（満月のような円満な心）により、浄化させることができるということなのですね。

……わかっていても、難しそうです。難しいと思うのは、わたしだけではなさそうです。昔から、誰もが迷い、惑っていて、三毒を持っていたのです。だからこそ、「心月輪」ということばが連綿と伝わってきているのですね。

良寛様は捨てられようとした鍋蓋に、「心月輪」と書き入れました。不要とされそうになったその鍋蓋に魂を込めたのです。そして、月の持つ力をも鍋蓋にこめた。三毒を持つ心が三徳によって浄化されることを願って。心が清くなりますように。そして、心が丸くなりますように、と。

ゆったりとした心で。

あくせくせずに。

急がずに。

ゆっくりでいいではないか。
ゆるりと歩いて行けばいいではないか。
やわらかいまるい心で。
ゆっくりと。
ゆるりと。

良寛様は現代のわたしたちにも、そう語りかけて下さっているように思えるのです。
ゆるり、ゆるりと。
月の雫を信じて…。

おわりに

「子供らとてまりつきつつこの日暮らしつ」と詠んだ良寛様を幼い頃から慕わしく思っておりましたが、まさかわたしが良寛様の本を書くことになるとは思ってもみませんでした。

まことに不思議なご縁で良寛様の本を書くことになりました。

それは、安藤《あんどう》瑞《かず》子《こ》先生の「ゆう子ちゃん、是非、良寛様の本を書いてほしいの」という鶴の一声によってはじまったことでした。

迷い、不安がるわたしを安藤先生は情熱をもって鼓舞激励して下さり、そして、後藤田恵子先生（倉敷シティバレエ主宰）、片山由里子様、葛間宏子様、芝田尚子様方は、力強く背中を押して下さいました。そのおかげで書き上げることができたのです。ありがたいことでございます。

玉島高等学校茶道部の先生をしておられる安藤瑞子先生は、良寛様を心から尊敬しておられます。良寛様の優しさ、あたたかさを感じておられる方です。

心に良寛様がおられるのです。そして、情熱を持っておられます。良寛様の素晴らしさを、もっともっと多くの人に知ってもらいたい、とくに若い世代の方々に良寛様を知ってもらいたい、という情熱を常に持っておられるのです。わたしはその心にうたれました。

玉島はわたしの生まれ育った場所です。玉島は、人柄があたたかいところです。

良寛様の持つ、慈愛の心、優しさ、あたたかさ、そして、ユーモア。

人の心に寄り添う慈悲の心。

わたしは玉島の方々には、そういう心が自然に備わっておられるように思えるのです。

良寛様は玉島では、知り合いが一人もいなかった、と漢詩に詠むほど、玉島での印象は孤独なものだったようです。

それがわたしには、ちょっと寂しく思っておりました。

この本を書いていて、玉島の方々との会話をたびたび思い出しました。

そう言えば、あの方は良寛様を素晴らしいとおっしゃっていたわ、とか、あの方も良寛様のおかげで心が立ち直れたと言っておられたな、とか。

良寛様は、修行中は玉島では孤独だったかもしれませんが、現代の玉島の人々の心の中には、しっかりと良寛様の御心が息づいているのです。

良寛様の慈悲深さは日常の生活から生じたものだと思っています。

普段の暮らしの中からはぐくまれた心だと思うのです。

良寛様も日常の生活を送っておられました。

私たちと同じように、悩んだり、苦しんだり、悲しんだりなさいました。

そして、嬉しいことがあったり、喜んだりもなさったのです。

今も昔もかわらないのです。

良寛様の時代と現代とでは何もかもが違ってしまいました。

でも、変わらないものもあるのです。

良寛様の時代も現代も実はつながっているのです。

玉島にその息づかいが残っているとすれば、わたしたちは、それを大切にしていかなければなりません。

この本で、その一端をでも伝えたいと思っております。

良寛様の優しさの感じられる玉島。

どこかにある懐かしさ。

この本を片手に円通寺を散歩したくなって下さったらうれしいです。

良寛様の心を感じる玉島のひととき。

あったかい心になれたら、ほんとうにうれしいです。


わたしには、幼稚園やこども園の子供たちや小学生、中学生に茶道を教える機会が時々あります。子供たちには茶道の作法だけではなく、むしろ、相手を敬う心やあたたかい心を伝えたいと思っておりました。優しい心を持ち続ける大切さを、どうやって伝えたら良いか迷っておりました。

そんな時、かつて幼稚園の先生だった方が「手をにぎってあげたりして、ぬくもりを伝えるように教えると伝わりますよ」と教えて下さったことがありました。

「子供たちはぬくもりを求めているから」と。そのお一言で、吹っ切れたのをおぼえております。

この本は実は、子供たちに語りかける気持ちで書きました。

ちょっと難しいところもあるけれど、子供たちは難しい部分も理解しようとしてくれます。

きらきらした目で、わかろうとしてくれます。

そんな子供たちにまずは日常生活の中で良寛様をどう感じているかを、伝えたいと思いました。

そして、そばにいる周りの人は、良寛様みたいに、とってもあたたかいんだよ。やさしい眼差しで見守って下さっているんだよ、と伝えたかったのです。

日常にはいろいろなことがおこります。大変なこともたくさんあります。

良寛様も日常生活を送っておられました。

良寛様もわたしたちも一緒なのです。

悩んだり、苦しんだり、つらいことがあったり。

楽しかったり、うれしかったり、喜んだり。

いろんなことがあったのです。

今も昔もかわりません。

良寛様の時代と、今私たちの生きている現代とはかけ離れているようで、実はつながっているのです。

ずーっとつながっていて、今があるのです。

現代は何もかもが速く通り過ぎていきます。

時として、ついてゆけないことがあります。

しんどくなることがあります。

そんなわたしたちに、良寛様は、ゆっくりと生きていけば良いんじゃないかな、と伝えて下さっているのだと思います。


童心《どうしん》を持《も》つ子供《こども》たちへ、そして、今《いま》もどこかに童心《どうしん》を持《も》ち続《つづ》けている我々《われわれ》大人《おとな》へ。

最初の読者となって下さった小島正芳先生《こじままさよしせんせい》・全国良寛会副会長からのメッセージ。

「天真爛漫《てんしんらんまん》　いきいきと自分《じぶん》らしく」

わたしもかくありたいです。

平成三十一年三月二十日

器楽堂　ゆう子

引用参考文献・資料

『にんげんだもの』（相田みつを　文化出版局）

『良寛墨蹟大観　第1巻』漢詩篇　著者名：良寛／〔書〕出版者：中央公論美術出版　1993年

『良寛墨蹟大観　第2巻』漢詩篇　著者名：良寛／〔書〕出版者：中央公論美術出版　1994年

『良寛墨蹟大観　第3巻』和歌篇　著者名：良寛／〔書〕出版者：中央公論美術出版　1993年

『良寛墨蹟大観　第4巻』和歌篇　著者名：良寛／〔書〕出版者：中央公論美術出版　1994年

『良寛墨蹟大観　第5巻』書状篇　著者名：良寛／〔書〕出版者：中央公論美術出版　1992年

『良寛墨蹟大観　第6巻』仏語篇　著者名：良寛／〔書〕出版者：中央公論美術出版　1993年

『良寛の書　（NHK美の壷）』　著者名：NHK「美の壷」制作班／編　出版者：日本放送出版協会　2006年

『良寛との旅』著者名：立松和平　齋藤達也　出版者：考古堂書店　2010年

『若き良寛の肖像』著：小島正芳　出版者：考古堂書店　2015年

『良寛　野の花の歌』選・解説：本間明　水彩画：外山康雄　出版者：考古堂書店　2018年

引用した際のかなづかいは引用元に合わせました。そのため、表記が異なっている箇所があります。ご了承下さい。

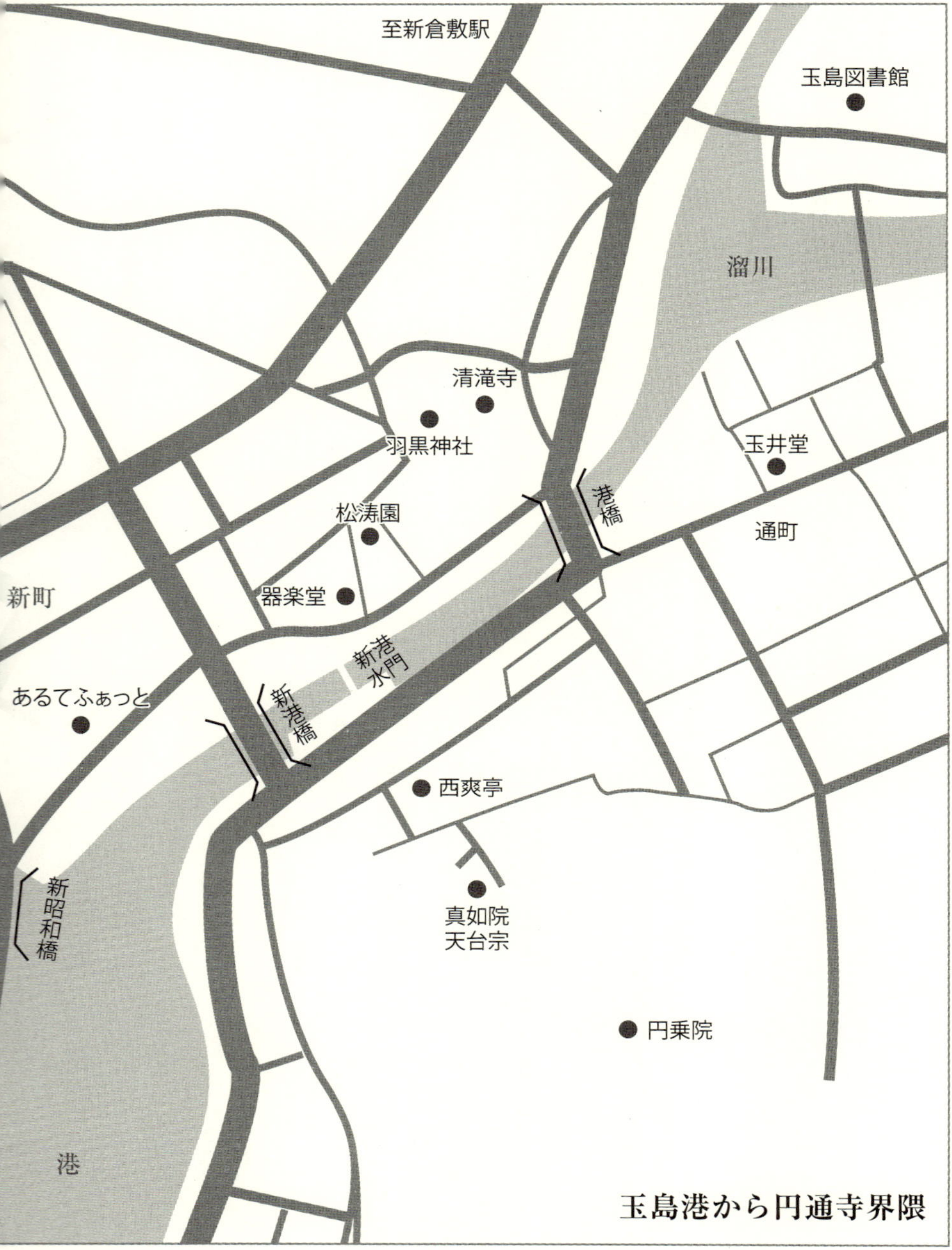
至新倉敷駅
玉島図書館
溜川
清滝寺
羽黒神社
玉井堂
港橋
松涛園
通町
器楽堂
新町
新港水門
あるてふぁっと
新港橋
西爽亭
新昭和橋
真如院
天台宗
円乗院
港

玉島港から円通寺界隈

大正橋
西町
里見川
グラウンド
仲買町
菊池酒造
昭和
水門
昭和橋
玉島味噌醤油
合資会社
円通寺
備後屋
良寛荘

境内の名所旧跡

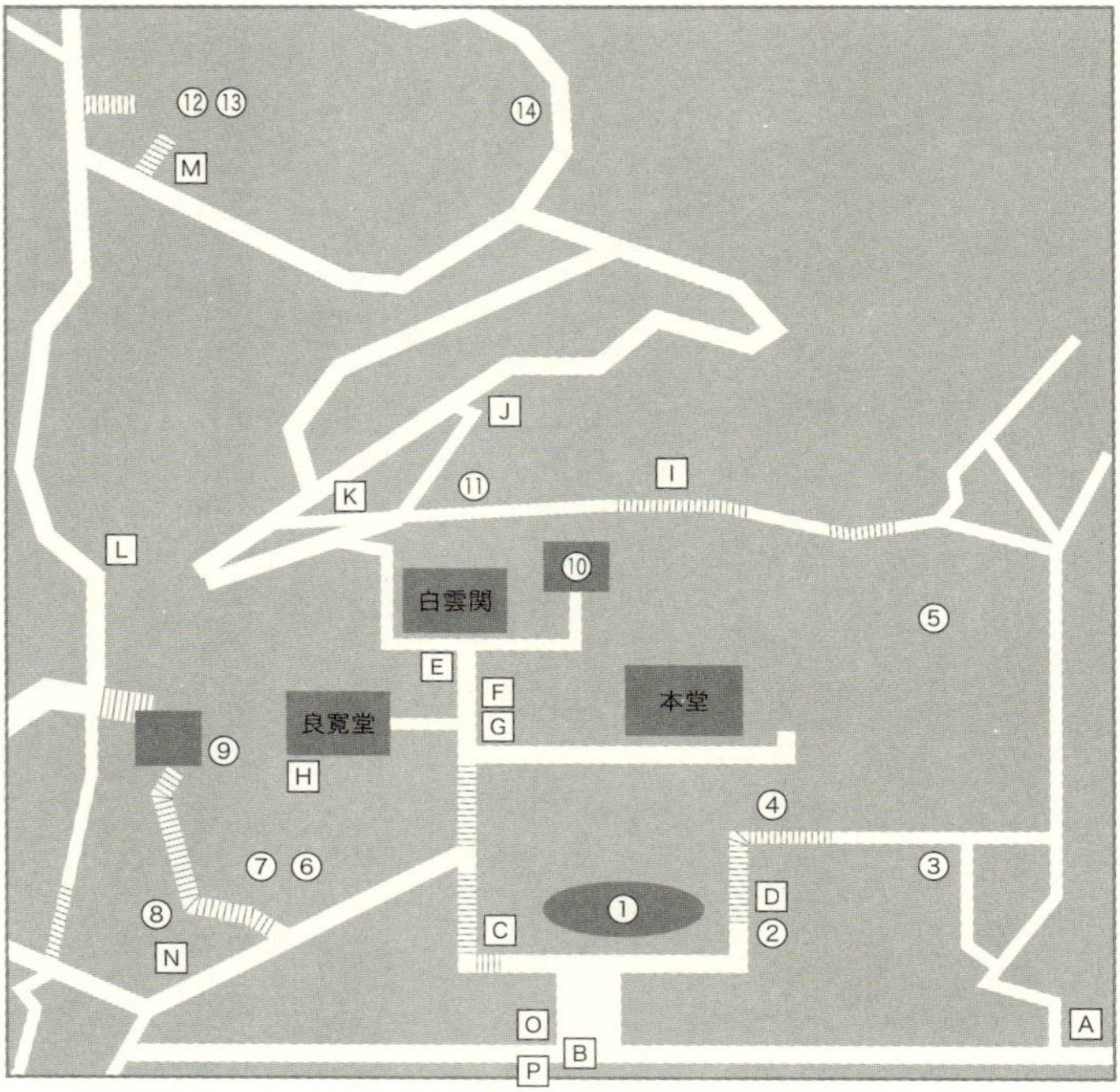

石碑

- A 境内境界の碑
  従是円通寺境内
- B 「不許葷酒入境内」
  円通寺開山良高建立
- C 大方広佛華厳経
- D 覚樹庵跡
- E 藤田安良歌碑
- F 活禅和尚「頌徳」碑
- G 「玉島の良寛」像と碑
- H 良寛詩碑
- I 石書般若塔
- J 良寛詩碑
- K 田代先生追憶之碑
- L 良寛詩碑
- M 良寛歌碑
- N 山頭火句碑
- O 良寛句碑
- P 良寛詩碑

旧跡

- ① 弁天池
- ② 良寛椿
- ③ 苦竹（真竹）林
- ④ 鐘楼
- ⑤ 高方丈千畳岩
- ⑥ 自然美の石庭
- ⑦ 青銅露座地蔵菩薩座像
- ⑧ 如意輪堂
- ⑨ 新星浦観音堂
- ⑩ 良寛記念館
- ⑪ 秋葉宮
- ⑫ 八大龍王
- ⑬ 「童と良寛」石像
- ⑭ 愛宕社

【著者略歴】

器楽堂ゆう子（きらくどう　ゆうこ）

御抹茶、茶道具、緑茶などを扱う器楽堂老舗《きらくどうろうほ》の長女として玉島で生まれ育つ。

茶道を通し、日本の古典文学や良寛様にも親しむ。

玉島幼稚園《たましまようちえん》、柏島幼稚園《かしわじまようちえん》、くらしき作陽大学《さくようだいがく》　付属認定《ふぞくにんてい》こども園《えん》、府中市《ふちゅうし》こどもの国ポムポムなどでの茶道指導、国民宿舎良寛荘《こくみんしゅくしゃりょうかんそう》での御抹茶点《おまっちゃた》て方体験会《かたたいけんかい》、煎茶道松風流《せんちゃどうしょうふうりゅう》（玉島）主催「まつかぜ茶会」（於玉島円通寺良寛堂《えんつうじりょうかんどう》）の聞香席共催、加子浦歴史文化館《かこのうられきしぶんかかん》（備前市日生《びぜんしひなせ》）での源氏物語勉強会や聞香の会、くらし文化の体験型授業　備中《びっちゅう》no町《まち》家《や》deクラス　国指定重要文化財大橋家住宅《おおはしけじゅうたく》（倉敷《くらしき》）における「香《かお》りを楽《たの》しむ会《かい》」、高野山真言宗備前地区寺族婦人会研修会においての聞香、遊美工房《ゆみこうぼう》（玉島）でのお茶席体験会や源氏香体験会、地元玉島の公民館で歴史（お茶）にちなんだ講座の講師、妙泉寺《みょうせんじ》（矢掛《やかげ》）にて守護神大祭《しゅごしんたいさい》、御《お》会式法要《えしきほうよう》、献香《けんこう》・献茶式《けんちゃしき》奉納、御供養の呈茶席、聞香席など、ご縁を大切に日々を過ごす。

ゆるり良寛さん ～玉島円通寺のゆかり～

2019年5月10日　発行

著　者　　器楽堂ゆう子

発　行　　株式会社 考古堂書店

〒951-8063　新潟市中央区古町通4

TEL.025-229-4058（出版部直通）

印　刷　　株式会社玉島活版所

ISBN978-4-87499-877-9 C0095